L'agressivité chez l'enfant de 0 à 5 ans

D1300754

Du même auteur dans la même collection

Comprendre et guider le jeune enfant. À la maison, à la garderie
Le grand monde des petits de 0 à 5 ans

La Collection du CHU Sainte-Justine
pour les parents

L'agressivité chez l'enfant de 0 à 5 ans

Sylvie Bourcier

Éditions du
CHU Sainte-Justine

Catalogage avant publication de Bibliothèque et Archives nationales du Québec et Bibliothèque et Archives Canada

Bourcier, Sylvie

L'agressivité chez l'enfant de 0 à 5 ans

(La Collection du CHU Sainte-Justine pour les parents)

ISBN 978-2-89619-125-3

1. Agressivité chez l'enfant. 2. Agressivité chez l'enfant - Traitement. I. Titre. II. Collection: Collection du CHU Sainte-Justine pour les parents.

BF723.A35B68   2008155.42'2247   C2008-940593-5

Illustration de la couverture : Marie-Claude Favreau

Conception graphique : Nicole Tétreault

Diffusion-Distribution au Québec : Prologue inc.
　　　　　　　　　　en France : CEDIF (diffusion) – Daudin (distribution)
　　　　　　　　　　en Belgique et au Luxembourg : SDL Caravelle
　　　　　　　　　　en Suisse : Servidis S.A.

Éditions du CHU Sainte-Justine
3175, chemin de la Côte-Sainte-Catherine
Montréal (Québec) H3T 1C5
Téléphone : (514) 345-4671
Télécopieur : (514) 345-4631
www.chu-sainte-justine.org/editions

Dépôt légal :　Bibliothèque et Archives nationales du Québec, 2008
　　　　　　　　Bibliothèque et Archives Canada, 2008

Cet ouvrage est imprimé sur un papier Silva entièrement recyclé.

TABLE DES MATIÈRES

INTRODUCTION

Deux personnes entrent en conflit. L'une agrippe l'autre en l'injuriant, lui fait perdre l'équilibre, lui inflige des coups de pied aux jambes et au torse. En général, on imagine une telle scène chez des adolescents. En effet, un sondage[1] effectué en juin 2002 auprès de 1500 Canadiens dévoile que l'opinion publique situe surtout de 12 à 14 ans la période où les jeunes ont recours à l'agressivité physique. Or, c'est plutôt de 0 à 2 ans que l'on retrouve la plus grande fréquence de ce type d'agressions[2]. Bien que certains adultes banalisent les cris, les morsures, les coups, les crises et les insultes des petits, plusieurs parents s'inquiètent, se sentent impuissants et parfois coupables devant les manifestations agressives de leurs enfants. Ils savent qu'ils jouent un rôle essentiel dans le développement de leur petit, mais ils mettent en doute leurs compétences parentales.

On a observé ce faible niveau de confiance dans un sondage[3] effectué auprès de 1600 parents d'enfants de moins de 6 ans. Seulement 18 % d'entre eux se sentaient compétents après la naissance de leur enfant. Lors de conférences données devant des parents ou pendant les formations que j'offre, le sujet de l'agressivité des petits revient constamment. Il existe une agressivité normale qui, bien canalisée, permet de s'affirmer, de se dépasser et de réussir ce qu'on entreprend, mais on la confond souvent avec la violence destructive qui nuit à l'adaptation et au développement. Les parents cherchent de l'aide pour civiliser leurs petits et pour apaiser le climat familial.

Le présent livre s'adresse d'abord à ces parents qui veulent comprendre les gestes de leurs enfants et se doter de pistes d'action pour soutenir leur développement social. Loin de moi l'idée d'offrir des solutions rapides et magiques pour contrer coups, crises, morsures ou autres incivilités. Il s'agit plutôt de proposer des moyens pour aider l'enfant et sa famille.

Je tenterai aussi de répondre aux questions quotidiennes des éducateurs et des divers spécialistes qui agissent comme second agent de socialisation de l'enfant. Ces conseils pourront les accompagner dans leur travail de partenariat avec les parents. Ensemble, de façon concertée, ils découvriront des moyens de canaliser et de mobiliser l'énergie brute de l'enfant qui — ne l'oublions pas — est avant tout un « apprenant ».

Notes

1   Étude d'opinion sur l'agressivité des jeunes enfants au Canada, réalisée par Léger Marketing en juillet 2002.

2   Études récentes sur le site web : www.excellence-jeunesenfants.ca

3   Sondage effectué par Investir dans l'enfance 2002. Cité dans le *Bulletin du Centre d'excellence pour le développement des jeunes enfants*, mars 2007, vol. 6, n° 1.

CHAPITRE 1

Agressivité et troubles de comportement

Agressivité : énergie vitale

> « Il n'y a point de perversité originelle dans le cœur humain. Il ne s'y trouve pas un seul vice dont on ne puisse dire comment et par où il y est entré. »
>
> *Jean-Jacques Rousseau*[1]

Jean-Jacques Rousseau croyait que la violence s'acquérait par influence de l'environnement, qu'elle se développait par contagion. Or, les recherches nous apprennent que cette conception est fausse. À la naissance, le petit d'homme possède déjà une énergie brute, vitale certes, mais non civilisée. Déjà, le poupon qui veut son lait hurle sa faim. Le « trottineur » qui s'approprie une aire de jeu la défend férocement en poussant les intrus. Dans une étude longitudinale[2] effectuée au Québec, près de 90 % des mères ont noté que leur bébé de 17 mois avait agressé d'autres enfants à plus d'une reprise.

Dès que le petit a les habiletés motrices pour le faire, c'est-à-dire vers l'âge de 8 ou 9 mois, il tire les cheveux et tape sur les autres. Quand il sait se tenir debout et marcher, il vole très volontiers le jouet des autres et donne des coups de pied à ses camarades. Très tôt, il crie sa colère et lance des objets. L'agressivité est normale, c'est une pulsion de vie adaptée… à certains contextes. Ainsi, les cris et les pleurs d'un bébé affamé sonnent l'alarme et lui permettent d'assouvir ses besoins. On peut sauver sa vie en repoussant un agresseur qui ne tient pas compte de nos avertissements. Lorsqu'elle reste dans certaines limites, cette énergie vitale assure notre survie. Elle nous permet de nous affirmer et d'atteindre nos objectifs. L'éducation ne vise donc pas à éliminer cette énergie, mais bien à la canaliser et à la rendre utile.

L'agressivité se présente donc dès les premières années de vie, mais elle se désapprend au fur et à mesure que l'enfant découvre comment exprimer ses besoins et ses frustrations dans le respect de soi et des autres. D'ailleurs, la grande majorité des enfants affiche moins de comportements agressifs grâce au langage et à un encadrement adéquat. Selon Claude Gagnon[3], de 50 % à 60 % des enfants ne manifestent pas de comportements agressifs au début du primaire tandis que de 20 % à 30 % d'entre eux sont agressifs à l'occasion. La proportion d'enfants qui agressent fréquemment les autres se situe entre 4 % et 10 %. Donc, en grandissant, la majorité des bambins apprennent à maîtriser leur agressivité physique et à imaginer d'autres façons d'agir avec les autres.

Distinguer l'agressivité normale des troubles de comportement

> « La violence, c'est le geste sans la parole,
> c'est l'énergie à vivre sans la communication. »
>
> S. Goldberg[4]

Définir l'agressivité est une tâche ardue parce qu'elle repose souvent sur un jugement s'appuyant sur l'histoire personnelle du parent, sur sa culture et son éducation. Pour certains adultes, les enfants qui refusent d'obéir sont agressifs. Pour d'autres, l'impolitesse est du ressort de l'agressivité. Parfois, un même comportement est interprété de plusieurs façons différentes. Par exemple, certains considèrent qu'un enfant regardant l'adulte en train de le réprimander est poli puisqu'il écoute attentivement, tandis que d'autres y verront de l'insolence. Le niveau de tolérance de l'adulte sert de balise au jugement qu'il porte sur le geste de l'enfant.

Les auteurs Cloutier, Gosselin et Tap définissent l'agressivité comme des «conduites antisociales qui consistent à agresser les autres physiquement ou verbalement[5]». Le terme «antisocial» réfère à une façon destructive de réagir par opposition à «social», où les solutions sont négociées et les frustrations, exprimées verbalement, sans porter préjudice à l'autre, c'est-à-dire sans porter atteinte à sa personne ou à ses possessions. En effet, la destruction d'objets peut aussi faire partie du répertoire des conduites antisociales. Par contre, si on choisit de s'exclure de la relation, de se retirer passivement du conflit sans réagir, on parle alors de la manière asociale de réagir.

L'agressivité dite «normale» est celle qui se manifeste chez les petits d'âge préscolaire parce qu'ils n'ont pas encore appris à utiliser des stratégies pacifiques pour résoudre leurs conflits, à réguler leurs émotions où à se servir de comportements adaptatifs de rechange à l'agressivité. Ils n'ont pas encore développé les habiletés sociales qui leur permettront d'interagir de façon positive avec leur entourage. On explique leurs gestes agressifs par leur maladresse sociale, leur immaturité neurologique, leurs habiletés langagières à peine émergentes et leur capacité naissante à intégrer les interdits. Les chercheurs[6] s'entendent pour dire qu'au cours du développement, ce qui distingue les manifestations agressives normales des conduites agressives dites «anormales» ou «atypiques», c'est la fréquence et la gravité des symptômes.

On parle donc de conduites agressives atypiques chez les enfants d'âge préscolaire qui déclenchent des bagarres, intimident, utilisent des objets pour blesser les autres. Ces agissements nuisent à leur développement. Ils se montrent incapables de vivre des relations positives avec leurs compagnons, ils agressent leurs parents. Sarah Landy[7] suggère aux parents de consulter un professionnel lorsque l'enfant semble éprouver du plaisir à blesser les autres et ne ressentir aucun remords envers la victime. Elle affirme que la dangerosité des gestes et leur planification sont aussi des facteurs à considérer. On peut également s'inquiéter de la violence exercée sur des animaux et de certains gestes destructeurs, comme mettre le feu.

De son côté, Jean Dumas[8] soulève le fait que les troubles oppositionnels commencent en général vers l'âge de 6 ou 7 ans et chez seulement de 5 % à 6 % des enfants, tandis qu'on observe le trouble des conduites, à la fin de l'enfance et au début de l'adolescence, chez 2 % à 8 % des garçons et chez 0 % à 2 % des filles. Ces deux troubles de comportement sont définis par l'Organisation mondiale de la santé et servent de critères diagnostiques en psychopathologie.

L'objectif de cet ouvrage étant de soutenir les parents dans leur rôle d'agent de socialisation et d'éducation de leur enfant, nous nous limiterons donc à l'agressivité dite normale dans le sens qu'elle s'inscrit dans le développement normal de l'enfant.

Des facteurs d'influence

Au fur et à mesure que l'enfant verbalise ses frustrations, il utilise de moins en moins l'agression physique. Cependant, certains facteurs de risque s'additionnent les uns aux autres et le fragilisent, ce qui réduit sa capacité à relever les défis sociaux et à affronter les stress quotidiens. Ce sont les facteurs de risque combinés qui influencent négativement le processus de socialisation de l'enfant et nuisent à son adaptation psychosociale[9].

On a associé de nombreux facteurs à des problèmes d'agressivité chez les enfants. «Selon les travaux de l'équipe du Dr Richard Tremblay, les enfants dont la mère est jeune, fume et possède un revenu peu élevé courent 15 fois plus de risques que les autres enfants de développer des comportements violents[10]. » Outre ces facteurs socioéconomiques, la violence familiale, la dépression maternelle, l'encadrement parental inadéquat, l'exposition prénatale à diverses drogues et la criminalité de l'un des parents sont aussi associés aux conduites agressives de l'enfant[11].

D'autres études associent le tempérament difficile de certains enfants à leurs difficultés relationnelles[12].

On a aussi exploré la thèse des prédispositions biologiques à la violence et il est maintenant reconnu que les garçons manifestent trois fois plus d'agressivité physique que les filles[13]. On explique cette surreprésentation des garçons par le taux de testostérone supérieur qui pousse ceux-ci à réagir plus fortement aux provocations des autres[14]. Par ailleurs, il existe un lien indéniable entre le recours à l'agression physique et le retard de langage chez l'enfant et même chez l'adolescent et l'adulte[15].

Enfin, l'exposition prénatale à l'alcool, à la cigarette ou à d'autres drogues et à une alimentation maternelle déficiente, ainsi que les complications à la naissance (manque d'oxygène)[16] et une prématurité extrême[17] peuvent contribuer au développement de conduites agressives. Ces facteurs peuvent nuire au développement du cerveau qui a un rôle essentiel dans le contrôle de soi. La zone préfrontale du cerveau est en cause dans les prises de décisions, dans le freinage ou dans l'émission des gestes. Ces fonctions permettent donc de réfléchir avant d'agir de façon responsable.

C'est le cumul de ces facteurs qui risque de rendre l'enfant agressif. Une étude de l'Université de Cambridge[18], en banlieue de Londres, auprès de 400 garçons de 8 à 10 ans rapporte que parmi les garçons qui avaient commis des gestes de violence, 3 % n'avaient connu aucun de ces facteurs, tandis que 8 % en avaient connu un, 15 % en avaient connu deux ou trois et 31 % en avaient connu quatre ou cinq. Notons qu'il y a une forte proportion de garçons qui, malgré la présence de facteurs de risque, n'ont commis aucun geste de violence pendant leur adolescence.

Il ne faut donc pas considérer les facteurs de risque comme des causes, mais bien comme des éléments interreliés dans une dynamique parfois explosive. La violence peut survenir à l'intérieur de cette dynamique, mais parfois aussi en *l'absence* de ces facteurs.

***

Depuis quelque temps, les parents de Rosalie ne reconnaissent plus leur charmante petite princesse. Elle qui souriait à tout le monde, qui se levait en chantant et se montrait toujours enthousiaste pour les activités, affiche maintenant un air maussade, s'oppose à eux, s'amuse à faire pleurer son petit frère.

Il en est de même pour la mère de Justin, qui se sent impuissante devant les récentes impatiences de son fils. Il pousse les enfants de la garderie et lui fait des grimaces. Il a tant changé !

Rosalie et Justin réagissent à un stress. Rosalie doit s'habituer à partager l'attention et l'amour de ses parents avec le nouveau-né. Quant à Justin, il vient de perdre son père dans un accident de voiture…

Certains comportements agressifs s'inscrivent dans un registre réactionnel. Ce sont des manifestations maladroites et passagères pour s'adapter à une nouvelle situation. Ces enfants développeront peu à peu des mécanismes pour s'adapter à l'événement générateur de stress, surtout s'ils vivent dans un contexte familial chaleureux et prévisible, où les adultes communiquent, racontent, mettent des mots sur la souffrance ou l'inquiétude de l'enfant. Il peut s'agir d'une naissance, d'un déménagement, d'une maladie, d'un décès ou d'un voyage ou encore de l'intégration à la garderie ou à la maternelle.

Agir tôt : prévenir plutôt que guérir

On lit souvent des articles sur l'agressivité dans les revues et les magazines. De nombreux titres sont accrocheurs et, surtout, évocateurs : *Prédélinquants dès 3 ans ?*[19] ; *Perturbateur à la maternelle, décrocheur au secondaire*[20-21] ; *Tout se joue avant 4 ans*[22] ; *Petite enfance et prévention de la violence*[23]. Ces titres témoignent tous de la même réalité : le comportement violent du délinquant n'apparaît pas subitement à l'adolescence. La plupart du temps, il a ses racines dans la petite enfance. Bien que la majorité des enfants voient leur agressivité diminuer avec l'âge et au fur et à mesure que la socialisation et le langage se développent parallèlement, certains, plus réactifs, continuent d'afficher des comportements agressifs dans leurs relations.

« L'agressivité est considérée comme le meilleur indicateur de comportement délinquant avant l'âge de 13 ans et comme un facteur de risque de consommation élevée de drogues illégales et de dépendance dans les dernières années de l'adolescence[24]. » En effet, les enfants perturbateurs à la garderie et à la maternelle « courent 4,3 fois plus de risque d'être sans diplôme d'études secondaires à 20 ans[25]. » Non seulement les problèmes de comportements agressifs persistants dans la petite enfance sont-ils de bons indices d'une future délinquance, mais ils font aussi partie des grands facteurs de risque quant à la réussite scolaire. Il ne faut pas oublier que ces enfants en viennent à être rejetés de leur groupe de compagnons et à souffrir d'une faible estime d'eux-mêmes.

Bien qu'il s'agisse de trajectoires très documentées par la recherche, on ne doit pas y voir un déterminisme qui condamnerait déjà à 5 ans les enfants agressifs en les étiquetant comme de futurs délinquants. On parle de risques accrus et non de causes à effets incontournables. Une chose est certaine, plus l'enfant est jeune, plus son cerveau est malléable et plus il est facile de faire disparaître des comportements avant qu'ils se cristallisent. On doit éviter que les façons de *faire* deviennent des façons d'*être*. « Les programmes qui enseignent aux parents à appliquer des stratégies constantes et non violentes pour gérer les comportements indésirables des enfants ont des effets les plus positifs sur la réduction de leur agressivité infantile[26]. »

Les parents demeurent des acteurs privilégiés pour couper la route à la violence de l'enfant, puisqu'ils représentent son ancrage affectif. C'est par eux qu'il apprendra à s'humaniser, c'est-à-dire à reconnaître et à respecter les règles qui régissent les relations entre les êtres. Ils sont des héros, des modèles, des enseignants pour le petit qui apprend la vie. Cet enfant compte sur ses parents pour apprendre à communiquer, pour comprendre les mécanismes de la relation positive et, parfois, pour arrêter les gestes démesurés.

Notes

1   J.-J. ROUSSEAU. *Émile ou De l'éducation*. Paris : Garnier-Flammarion (1987, édition originale 1762), p.81.

2   R.E. TREMBLAY, C. JAPEL, D. PÉRUSSE et al. « The search for the age of 'onset' of physical agression : Rousseau and Bandura revisited ». *Criminal Behaviour and Mental Health* 2006 vol. 9 (6) : 8-24.

3   C. GAGNON. « Comportements agressifs dès le début de la fréquentation scolaire ». *Apprentissage et socialisation* 1989 vol. 12, p. 9 à 18.

4   C. OLIVIER. *L'ogre intérieur. De la violence personnelle et familiale.* Paris : Éditions Bayard, 1998.

5   R. CLOUTIER, P. GOSSELIN et P. TAP. *Psychologie de l'enfant.* Montréal : Gaëtan Morin Éditeur, 2005, p.378.

6   K. KEENAN. *Le développement et la socialisation de l'agressivité pendant les cinq premières années de la vie.* Centre d'excellence pour le développement des jeunes enfants. Article sur le web : www.enfant-encyclopedie.com/Pages/PDF/KeenanFRxp.pdf

7   S. LANDY. *Pathways to Competence. Encouraging Healthy Social and Emotional Development in Young Children.* Baltimore : Brookes Publishing Co., 2002. p.449.

8   J. DUMAS. *L'enfant violent.* Paris : Bayard Éditions, 2000.

9   L. FORTIN et M. BIGRAS. *Les facteurs de risque et les programmes de prévention auprès d'enfants en troubles de comportement.* Eastman (Québec) : Éditions Behaviora Inc., 1996.

10 P. BÉGIN. *Commentaires des milieux. Politiques publiques et prévention de l'agressivité chez les jeunes enfants.* Centre d'excellence pour le développement des jeunes enfants, 2004. Article sur le web : www.excellence-jeunesenfants.ca/documents/BeginFR.pdf

11 N. BÉRUBÉ. « Les enfants risquant d'être violents peuvent être identifiés avant la grossesse ». *La Presse* 6-7-2004.

12 MAZIADE, BOUTIN, CÔTÉ et THIVIERGE 1986, 1987 cités dans R. Cloutier, P. Gosselin et P. Tap. *Psychologie de l'enfant.* Montréal : Gaétan Morin Éditeur, 2005, p. 379.

13 C. GAGNON, *Op cit.*

14 OLIVERS, 1980, 1982 cité dans R. Cloutier, P. Gosselin et P. Tap. *Psychologie de l'enfant.* Montréal : Gaétan Morin Éditeur, 2005, p. 379.

15 G. DIONNE. « Retard langagier et comportement agressif ». *Bulletin du Centre d'excellence pour le développement des jeunes enfants* 2003 vol 2 (1).

16 S. ISHIKAWA et A. RAINE. *Complications obstétriques et agressivité.* Centre d'excellence pour le développement des jeunes enfants, 2003. Article sur le web : www.excellence-jeunesenfants.ca/documents/Ishikawa-RaineFRxp.pdf

17 ROSE, FELDMAN, ROSE, WALLACE et McCARTON 1992 cités dans L. Fortin et M. Bigras, *Op cit.* p. 13.

18 D.P. FARRINGTON, « Early prediction of violent and nonviolent youthful offending ». *European Journal of Criminal Policy and Research* 1997 vol. 5 : 51-66.

19 L. LAFONTAINE. « Prédélinquants dès 3 ans ? » *Magazine Enfants Québec*, oct. 2006, p. 52-53.

20 M.-R. SAUVÉ. « Perturbateur à la maternelle, décrocheur au secondaire ». *Les diplômés* no. 410, p. 24-25.

21 M.-R. SAUVÉ. « Perturbateur à la maternelle, décrocheur au secondaire ». *Forum* 19 sept. 2005, p. 7.

22 J. DESJARDINS. « Tout se joue avant 4 ans ». *Magazine Enfants Québec*, août-sept. 2004, p. 55-60.

23 L. WARWICK. « Petite enfance et prévention de la violence ». *Bulletin d'excellence pour le développement des jeunes enfants*, 2003 vol. 2 (1).

24 P. BÉGIN, *Op cit.*

25 M.-R. SAUVÉ, *Forum, Op cit.*

26 L. WARWICK, *Op cit.*

CHAPITRE 2

Développement de l'agressivité chez l'enfant

Premiers cris, premiers liens : le bébé de 0 à 1 an

Premier souffle, premier cri de la vie qui appelle la relation. Instinctivement, la mère prend son nouveau-né contre son sein, le regarde, lui sourit, l'enlace et lui parle. Le poupon est rassuré, il retrouve la chaleur, découvre une odeur et, surtout, il s'initie à la communication.

Le nourrisson ne comprend pas le sens des mots, bien sûr, mais il sait qu'il est en relation, il le ressent dans le ton de voix de sa mère, dans ses intonations. Le bébé se nourrit des câlins, des soins, des baisers, des odeurs et des voix familières et combien rassurantes de ses parents. Il ingère de l'amour, ce qui fait grandir sa confiance en lui et dans les autres.

En allant au-devant des besoins du poupon, en répondant à ses cris par des soins, en soulageant ses besoins d'être pris, rassuré ou stimulé, le parent lui signifie qu'il l'écoute, qu'il le trouve digne d'être aimé. L'éveil au monde et aux autres se fait dans cette atmosphère de confiance, dans ce contexte rassurant. Les parents sensibles aux signaux envoyés par leur bébé et qui y répondent de façon efficace lui permettent de développer de l'attachement. « Des travaux ont démontré que les bébés habitués à des interactions actives, chaleureuses et saines avec des adultes tendaient à avoir des échanges plus actifs avec les autres bébés (Vandell et Wilson, 1987), tendance qui se poursuivrait au cours des années préscolaires (Stroufe, 1983)[1]. »

Pour que l'enfant désire entrer en relation avec les autres, ses premiers liens doivent être satisfaisants, ce sont eux qui sont au cœur de l'attachement. «Être aimé avant d'être socialisé, la construction de soi comme préalable au regard vers l'autre[2].» On associe l'attachement à une meilleure sociabilité avec les autres petits et avec les adultes, à une meilleure acceptation des autres et à moins de problèmes de comportement[3]. De plus, les personnes sûres d'elles expriment plus spontanément leurs émotions et décodent mieux celles des autres que les personnes ayant vécu un faible attachement[4]. En effet, si une mère accueille son bébé et décode ses émotions, aussi bien ses affects positifs, ses sourires et ses gazouillis que ses cris de colère et de détresse, et si les échanges positifs et chaleureux prédominent, l'enfant apprend à exprimer librement ses besoins et développe une confiance dans les relations humaines. Ainsi, la mère sensible et expressive favorise le développement d'un riche vocabulaire des émotions et permet à l'enfant de reconnaître et de décoder les émotions des autres. Ce n'est certes pas en laissant un poupon s'époumoner d'impuissance qu'on lui apprendra qu'il existe des êtres fiables et disponibles pour répondre à ses besoins et pour soulager sa détresse. En criant et en pleurant, le bébé communique à sa façon. Si on répond à ses besoins, si on les nomme, on lui apprend qu'il peut communiquer dans un autre registre que celui des cris. Si on ne répond pas au «mal-être» des petits, ils peuvent intensifier leurs cris de détresse et exprimer intensément leurs besoins ou encore en arriver à sombrer dans le silence et la solitude. Ils pleurent non seulement pour être pris, langés, nourris ou soulagés d'une douleur physique, mais aussi pour être rassurés lorsque les stimulations deviennent source de confusion et d'inquiétude (lumière, bruits, odeurs, sensations non familières) ou lorsqu'ils vivent des frustrations liées à l'apprentissage. Ainsi, le bébé peut s'agiter et pleurer lorsqu'il veut accomplir quelque chose et qu'il éprouve de la difficulté à le faire.

Ce type de frustration se multiplie au fur et à mesure que les habiletés motrices de l'enfant se développent. Les capacités psychomotrices favorisent aussi la diversification des moyens que le petit prend pour entrer en communication avec les autres. Aux gazouillis et aux sourires des quatre premiers mois s'ajoute, vers l'âge de 6 mois, la recherche active de contact visuel et de jeu. L'enfant peut se fâcher lorsqu'il est déçu. Ainsi, il réagit à la séparation de sa mère à partir de 8 ou 9 mois.

Peu à peu, au cours de sa première année, il commence à s'intéresser aux autres enfants, sans pour autant jouer avec eux. On observe souvent des rires ou des pleurs contagieux entre enfants de cet âge, qui commencent à prendre contact entre eux de façon physique. Souvent, ces contacts sont maladroits et agressifs, mais ils sont exécutés par exploration et sans intention hostile. Landy et Peters ont signalé des manifestations d'agressivité en réaction aux émotions intenses chez des enfants de 5 mois[5]: «Ces comportements agressifs vont en s'intensifiant durant les deux premières années, et ce, même en l'absence de modèles de comportements agressifs observés[6].»

On voit alors les enfants faire des gestes comme tirer les cheveux, saisir l'autre par le cou, lui lancer des objets, l'enlacer vigoureusement, saisir des objets directement dans la main de l'autre. Ces gestes sont purement exploratoires. Vers l'âge de 7 mois, le bébé est fasciné par les objets qui tombent, il explore l'espace et la profondeur. Tout parent se souvient de repas agrémentés de dégâts répandus sous la chaise haute. Le petit écoute aussi les sons des différents objets projetés par terre, aliments liquides ou bouillis, jouets durs ou mous et, surtout, sonores. Si ces expériences dégénèrent souvent en une dispute monstre d'un parent exaspéré et en colère, l'enfant comprend peu à peu que le jet d'objets est associé à l'expression de la colère. Par la suite, il pourra signifier sa colère de cette façon.

Bébé Noémie adore toucher différentes textures, les jouets lisses et rugueux, les papiers froissés et collants, et aussi les cheveux, particulièrement ceux qui bougent avec la tête de son propriétaire. Les «lulus» de sa sœur Nadine constituent sa zone d'exploration préférée, d'autant plus que ces lulus sont enjolivées de rubans de satin et de cris aigus lorsqu'on tire dessus. C'est donc pour elle un jouet merveilleux, doux et sonore, et qui va jusqu'à s'agiter!

Quant à Samuel, il recherche les contacts physiques, les accolades, les câlins, les embrassades. Il en offre abondamment à ses petits camarades qui souffrent d'étouffement et d'écrasement, puisque Samuel est deux fois plus grand qu'eux. En effet, bien qu'il ne soit âgé que de 1 an, il marche déjà et est beaucoup plus lourd que son cousin du même âge, encore au stade du «rampeur».

Vers 8 ou 10 mois, l'enfant capable de manipuler des objets commence à en offrir aux autres, ce qui favorise l'interaction. Il en découvre un, cherche à le prendre pour ensuite le donner. C'est d'ailleurs la centration de la petite Anaïs, 10 mois, qui donne généreusement son jouet du moment à son frère.

On ne doit prêter aucune intention hostile aux gestes maladroits de Noémie et de Samuel. Tous les deux ont besoin qu'on leur offre des objets pour satisfaire leurs besoins sensoriels. On peut canaliser les besoins de Noémie en lui offrant une poupée avec des cheveux doux, une couverture texturée, des mitaines de four dans lesquelles on introduit différents tissus ou objets de textures variées. Papa et maman peuvent aider Samuel à canaliser son besoin d'enveloppement en lui donnant des câlins ou un gros coussin moelleux ou encore un gros toutou près duquel il se blottira ou qu'il entourera de ses bras. Les petits de 1 an sont souvent maladroits dans leurs contacts avec les autres, car leurs gestes manquent de précision. Ils doivent donc apprendre comment ouvrir la main pour caresser tendrement, comment se coller doucement sur les autres ou simplement comment tendre les bras pour obtenir un câlin.

La maîtrise de la station debout favorise les rapprochements. C'est pourquoi, dès l'âge de 1 an, les enfants possèdent les habiletés physiques pour être agressifs. Ils mettent à leur répertoire des gestes comme prendre un jouet, tirer les cheveux ou les vêtements, ou encore lancer, pousser et agripper l'autre. Si l'enfant vit dans une famille où les parents comprennent le sens des gestes et favorisent l'apprentissage des comportements sociaux, l'enfant confiant risque d'acquérir au fil des années de nouvelles façons d'entrer en contact avec les autres.

L'explorateur (1 à 2 ans)

Le petit explorateur occasionnel devient peu à peu un explorateur professionnel et téméraire. La marche lui donne du pouvoir, celui d'attraper tout ce qui est à sa portée. Il a de grandes ambitions, il veut découvrir le monde et au cours de ses péripéties, il découvre qu'il y a la loi de ses désirs et celle de ses parents qui limitent son champ d'action pour le protéger.

Entre 12 et 24 mois, « le taux d'agressions physiques atteint son maximum[7] ». Richard Tremblay et ses collaborateurs[8] rapportent qu'à 17 mois, près de la moitié de leurs sujets d'observation aurait bousculé d'autres enfants et que le quart d'entre eux leur aurait donné des coups de pied.

L'explorateur fonctionne d'abord par essai et erreur. C'est une boule d'énergie qui jouit de sa récente mobilité et découvre l'autonomie qu'elle lui procure. Il répète ses gestes pour voir comment son entourage réagit à ses actions. Il observe ces réactions avant de faire des déductions, des liens de cause à effet, pour comprendre par exemple que quand il frappe, ses parents sont mécontents. Quand les conséquences demeurent stables, l'enfant âgé de 18 mois à 2 ans intègre l'information grâce à la maturation cognitive.

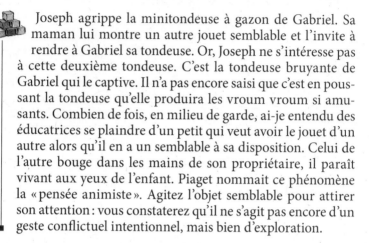 Joseph agrippe la minitondeuse à gazon de Gabriel. Sa maman lui montre un autre jouet semblable et l'invite à rendre à Gabriel sa tondeuse. Or, Joseph ne s'intéresse pas à cette deuxième tondeuse. C'est la tondeuse bruyante de Gabriel qui le captive. Il n'a pas encore saisi que c'est en poussant la tondeuse qu'elle produira les vroum vroum si amusants. Combien de fois, en milieu de garde, ai-je entendu des éducatrices se plaindre d'un petit qui veut avoir le jouet d'un autre alors qu'il en a un semblable à sa disposition. Celui de l'autre bouge dans les mains de son propriétaire, il paraît vivant aux yeux de l'enfant. Piaget nommait ce phénomène la « pensée animiste ». Agitez l'objet semblable pour attirer son attention : vous constaterez qu'il ne s'agit pas encore d'un geste conflictuel intentionnel, mais bien d'exploration.

Vers 12-13 mois, non seulement l'enfant observe, mais il commence aussi à comprendre les émotions humaines. Il regarde le visage de ses parents et distingue peu à peu les émotions qu'ils expriment. La stabilité et l'expressivité des réactions parentales lui permettent peu à peu de découvrir que tel comportement provoque le mécontentement de ses parents, et même leur colère. Pourtant, ce décodage n'assure pas l'obéissance.

Sarah Landy[9] estime que les enfants, dans leur deuxième année de vie, obéissent aux règles 45 % du temps. La rencontre avec l'interdit caractérise cette étape. Le désir d'autonomie, exacerbé par les habiletés motrices grandissantes, se heurte au contrôle exercé par les parents qui détectent les dangers. Souvent, cela commence lors des aventures du petit fouineur, qui réagit aux interdits en se jetant par terre, en tapant des pieds, en lançant des objets. Il veut prendre sa place et tout décider, mais il craint aussi, une fois la rage passée, de perdre l'amour de ses parents. Au début de cette histoire de limites, le petit est interloqué, surpris de rencontrer la méchante maman et le terrible papa qui disent « non ».

Vers 18 mois, la pensée symbolique aide l'enfant à anticiper les réactions de ses parents. C'est ce mode de pensée qui permet la représentation mentale, c'est-à-dire d'avoir accès à des images mentales. Ainsi, l'enfant est capable de se souvenir d'une scène au cours de laquelle il a provoqué la colère de ses parents, s'est vu confisquer un jouet ou encore a été mis à l'écart de la famille. Il peut donc associer tel comportement avec telle conséquence. Ces associations et ces liens de causalité aident l'enfant à intégrer progressivement des limites. C'est pourquoi la discipline, bien que déjà présente dans les félicitations ou les interdictions de la première année, doit s'exercer dès cet âge, à défaut de quoi l'enfant se sent omnipotent et peut devenir tyrannique et centré sur la satisfaction de ses seuls désirs au détriment des autres.

Vers la fin de la deuxième année, s'il vit dans une famille où règne une saine discipline, il intériorisera quelques interdits en se disant « non » lui-même lorsque la tentation se présentera. D'ailleurs, il est amusant d'observer le petit explorateur se dire non à lui-même, par exemple en tournant frénétiquement les boutons du poste de télévision.

En effet, bien qu'il connaisse une consigne et les raisons qui la sous-tendent, il éprouve souvent des difficultés à maîtriser ses envies. Il a besoin de l'aide des adultes pour freiner certains comportements. C'est beaucoup plus facile pour lui de suivre une consigne qui le pousse à agir que d'arrêter une activité en cours. D'ailleurs, ses mécanismes d'autocontrôle sont immatures et se développent tout au long de la petite enfance, lui permettant d'intégrer peu à peu les normes sociales.

Les grandes colères (2 à 3 ans)

C'est vers l'âge de 2 à 3 ans qu'on observe le plus grand nombre de crises chez l'enfant. Certains — jugés calmes jusque-là — se mettent à crier et à donner des coups de pied lorsqu'ils sont frustrés. Et des frustrations, il y en a! Une des plus grandes sources de frustration, c'est justement… le parent. La quête d'autonomie de l'enfant et son besoin d'individuation le poussent à se bagarrer avec ses parents. Il cherche à se positionner devant eux, à démontrer qu'il a sa propre volonté, ses propres désirs et capacités. En affrontant l'autre, il exprime son identité et sa différence. Il divise ses idées en deux catégories, le «moi» et le «pas moi», et il fait de même pour les objets: «à moi» ou «pas à moi». Les limites exprimées par les parents entrent alors dans la catégorie «pas moi» et cela frustre le petit décideur. Il distingue très bien les émotions et constate la déception du parent qui réprimande, il décode les sourcils froncés et le doigt accusateur de maman qui désapprouve. La colère de l'enfant monte, l'habite totalement jusqu'à l'envahir, à tel point qu'il la ressent comme une grande vague incontrôlable. À cet âge, l'immaturité du cerveau rend difficile la régulation des humeurs et donc la maîtrise des émotions. L'enfant a besoin d'aide extérieure pour canaliser ses «tsunamis émotionnels». L'adulte doit nommer ce qui se passe, donner un sens aux tempêtes. De tels échanges encouragent l'enfant à s'exprimer. «Les parleurs associent rapidement des images à des situations et anticipent mieux les actions qui sont survenues. Ainsi sont-ils moins angoissés et sont-ils plus dans la parole que dans l'action[10].» Le langage est donc un outil essentiel pour l'autorégulation affective.

Outre les contraintes associées à la discipline parentale, le décideur de 2 ans vit des frustrations liées à son besoin d'autonomie. Maintenant qu'il marche, court et devient propre comme un grand, il se sent fort, puissant et capable de tous les exploits. Il éprouve de la fierté lorsqu'il réussit. Il veut donc tout faire seul, les petites et grandes choses, et parfois il surévalue ses capacités motrices et réagit mal aux difficultés. Les «pousse, moi capable» sont quelquefois suivis de pleurs ou cris d'impuissance ou de rage devant le pantalon impossible à remonter ou le cinquième bloc qui persiste à faire dégringoler la tour. Déjà, il s'engage dans des activités orientées vers un but. Il sait ce qu'il veut, mais sa volonté se bute aux limites de ses capacités.

Il se montre possessif et éprouve de la difficulté à partager. Les conflits de possession sont au cœur de la majorité des altercations des enfants de cet âge. On observe des actes agressifs, comme tirer, arracher, pincer ou mordre pour obtenir ou reprendre un jouet. Au cours de la deuxième année, les enfants sont capables de se joindre à un petit groupe, mais ils préfèrent encore le jeu parallèle au cours duquel on s'affaire, côte à côte, sans coopérer. Souvent, les enfants se choisissent en s'alliant avec d'autres qui manifestent les mêmes intérêts et qui convoitent les mêmes jouets : c'est alors que la dispute éclate. Bien que 50 % des interactions entre les enfants de 2 ans soient pacifiques, non conflictuelles, c'est à cet âge qu'on observe le plus grand nombre de menaces et d'attaques entre enfants[11]. D'ailleurs, les meilleurs amis se retrouvent chez les camarades avec lesquels ils vivent des conflits. En vieillissant, les activités pacifiques deviennent de bons indices de l'amitié.

Au cœur des litiges, on trouve certes la possession de jouets, mais aussi la possession de l'adulte. L'enfant est capable de s'attacher à plusieurs personnes, mais il se dispute l'attention exclusive des personnes les plus proches. Ce n'est qu'à petits pas qu'il accepte de partager l'attention des parents avec sa fratrie.

Au menu des 2-3 ans, il y a donc de l'opposition, de l'affirmation et de la possession, mais aussi des habiletés qui aident l'enfant à accepter les frustrations. Il distingue bien ce qui est défendu de ce qui est permis, dans la mesure où les règles sont constantes et limitées en nombre. L'enfant arrive alors, la moitié du temps, à internaliser les règles édictées par les adultes, c'est-à-dire à les suivre de lui-même, sans aide.

Jasmine adore jouer dans l'eau. En se lavant les mains, elle fait déborder l'eau du lavabo. Pourtant, elle se souvient des yeux furieux de sa maman qui l'a vu faire et se rappelle très bien qu'ensemble elles ont dû éponger le plancher. Ce matin, une folle envie de jeu d'eau l'a poussée à faire flotter ses cheveux dans la toilette. Elle observe de loin maman. Un doute plane. Est-ce permis ? Il n'y a pas de dégât par terre, mais maman parle souvent des saletés et des microbes du pipi et du caca. Elle voit papa s'approcher, les yeux en colère. Elle arrête immédiatement. Son père la dispute et lui dit qu'elle doit le demander lorsqu'elle souhaite s'amuser dans l'eau.

Tout comme Jasmine, les petits de 2 à 3 ans vérifient souvent la réaction de l'autre pour adapter leur comportement. Les yeux furieux de papa ont amené Jasmine à suspendre son jeu. Pourtant, les petits de cet âge ont de la difficulté à généraliser les règles. L'interdit de faire déborder l'eau dans le lavabo n'a pas été transféré au jeu des cheveux flottant dans l'eau de la toilette. Il est si difficile à cet âge de refréner ses envies sans l'aide de l'adulte ! Les petits sont capables de demander de l'aide et de choisir entre un nombre limité de possibilités. On peut donc leur montrer à solliciter le soutien de l'adulte et à décider si telle ou telle idée est bonne.

De plus, à mesure qu'ils vieillissent, les enfants se montrent de plus en plus aptes à attendre pour obtenir satisfaction de leurs désirs. Ayant accès aux images mentales, ils peuvent anticiper la satisfaction, du moins s'ils ont constaté au fil des jours que les adultes qui les entourent sont fiables dans leurs promesses.

Ces habiletés à attendre, à choisir, à comprendre ce qui est permis et défendu réduisent l'impulsivité et aident à diminuer la fréquence et l'intensité des crises. Quant au développement du langage, il sert d'assise à la réflexion et de pont aux échanges relationnels.

Les gros mots (3 à 5 ans)

« Les mots vont permettre à l'enfant de se distancer de l'immédiat, de réfléchir, de planifier son action et ainsi d'organiser progressivement l'ensemble de son comportement… Le langage annonce aussi l'apparition de l'autorégulation affective[12]. »

À partir de 2 ans, et plus particulièrement vers 3 ans, l'enfant veut parler aux autres, dire ce qu'il veut et ce qu'il refuse, au lieu d'utiliser l'agressivité physique. Il utilise aussi le langage intérieur, il se parle à lui-même pour intégrer les consignes et pour se « raisonner avant d'agir ».

 Édouard regarde ses mains baladeuses et leur dit ceci : « C'en est assez de tout toucher ! Ici, c'est défendu. Allez vous coucher dans mes poches. »

Le langage et la pensée symbolique sont ici au service de la socialisation. « Il est intéressant de noter que la fréquence des agressions physiques diminue pendant la troisième année ou la quatrième année après la naissance, alors que la fréquence des gestes d'agressivité indirects (propos désobligeants dans le dos de la personne visée) augmente de façon marquée entre la quatrième et la septième année[13]. »

L'enfant fait donc appel aux mots pour exprimer sa colère et ses désirs et il s'aperçoit rapidement que cet outil est très efficace. La majorité des adultes valorisent l'expression verbale et s'émerveillent devant la richesse du vocabulaire et des expressions. C'est donc un outil efficace pour créer des liens, mais aussi pour provoquer, car il y a des formules interdites.

Tantôt, le charmant chérubin de 3 ou 4 ans utilise des formules de politesse pour plaire aux adultes, mais tantôt ce sont plutôt les paroles scatologiques qui sont au rendez-vous. Il a acquis la propreté, il n'est plus un bébé qui fait pipi dans sa culotte, il est devenu un grand qui risque des mots provocateurs pour démontrer son indépendance. Certains mots font réagir les adultes qui réprimandent alors l'enfant, lui parlent ou le punissent. S'il est en quête d'attention, il a obtenu ce qu'il cherchait. D'autres mots font rire ou fâcher les amis, les frères et sœurs. Il découvre en les utilisant le pouvoir des mots, ceux qui font rigoler et ceux qui font de la peine. L'agressivité verbale apparaît d'abord de façon directe, l'enfant lançant l'insulte au visage de la victime, puis peu à peu, à l'âge scolaire, l'injure devient médisance indirecte.

Qu'il s'agisse de gros mots ou d'une poussée, il ne faut pas perdre de vue qu'à l'âge préscolaire les enfants ont une pensée très égocentrique. La seule perspective à laquelle ils ont accès, c'est la leur. Ils ne peuvent s'imaginer ce que pense ou ressent l'autre, à moins que cet autre l'exprime. Ils font des déductions avec les éléments observables et ils ont de la difficulté à se décentrer de leur propre désir ou émotion.

Juliette traite Sandrine de «gros bébé puant comme un caca». Sa mère s'approche doucement et lui demande si elle juge que Sandrine a aimé se faire traiter de la sorte. Juliette sourit, encore toute excitée de sa trouvaille, et dit «oui, elle a aimé ça». Sa mère fronce les sourcils, hausse le ton et lui fait remarquer que Sandrine pleure.

Ainsi, les petits apprennent à reconnaître la situation qui déclenche l'émotion de l'autre, mais il leur est difficile à priori de deviner que ces mots sont déplaisants pour l'autre, alors qu'ils ont eu tant de plaisir à les prononcer. De plus, les enfants d'âge préscolaire découvrent ce qui est bien et ce qui est mal à travers les règles imposées par les parents. Leur sens moral est en construction. Ils ont donc besoin de l'adulte pour prendre conscience des conséquences matérielles et concrètes de leurs gestes.

La négociation (4 à 5 ans)

« Entre 4 et 9 ans, le cerveau travaille deux fois plus que le nôtre à l'âge adulte[14]. » L'enfant résiste de plus en plus à la distraction. Les jeux moteurs toujours présents se teintent d'imaginaire et de fantaisie. Un monde de sorcières, de fées, de chevaliers, de policiers et de bandits habite le petit créateur. Il est capable d'inventer un scénario avec des étapes précises dans l'action, de transformer une roche en grenouille et de jouer avec conviction au héros. Il se montre capable d'anticiper, de planifier, de sélectionner, de créer de nouvelles façons de faire, donc de diversifier ses stratégies. Lorsqu'il vit une frustration, il est capable de proposer une solution de rechange. Il ne se contente plus de demander de l'aide à l'adulte ou de commettre des actes agressifs. Il se maîtrise de plus en plus, exprime verbalement sa colère ou sa peine, peut arrêter ce qu'il fait pour discuter d'une solution. Il se montre plus sensible aux autres et conscient des situations qui provoquent l'inquiétude, la fierté, la joie, la peine ou la colère. Le partage lui vient plus naturellement. Il peut s'évaluer et ressentir de la honte ou de la culpabilité[15]. Toutes ces compétences font de lui un négociateur potentiel.

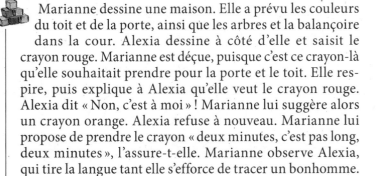 Marianne dessine une maison. Elle a prévu les couleurs du toit et de la porte, ainsi que les arbres et la balançoire dans la cour. Alexia dessine à côté d'elle et saisit le crayon rouge. Marianne est déçue, puisque c'est ce crayon-là qu'elle souhaitait prendre pour la porte et le toit. Elle respire, puis explique à Alexia qu'elle veut le crayon rouge. Alexia dit « Non, c'est à moi » ! Marianne lui suggère alors un crayon orange. Alexia refuse à nouveau. Marianne lui propose de prendre le crayon « deux minutes, c'est pas long, deux minutes », l'assure-t-elle. Marianne observe Alexia, qui tire la langue tant elle s'efforce de tracer un bonhomme. Elle décide alors de négocier afin d'obtenir le crayon rouge

pendant deux minutes en échange de son aide pour dessiner le bonhomme. Dans cette situation, Marianne a su dominer son émotion, respirer, s'arrêter, proposer une solution, donc négocier.

Cet art de la négociation peut aussi se pratiquer dans les relations avec les parents. Quoique, à cet âge, les enfants obéissent aux règles environ 80 % du temps, ils commencent à argumenter. Les négociations restent ouvertes tant que le parent n'y met pas un terme. Ces habiletés de négociateur doivent servir l'harmonie et non usurper le pouvoir parental lié à la discipline.

Notes

1   R. CLOUTIER, P. GOSSELIN et P. TAP. *Psychologie de l'enfant.* Montréal : Gaëtan Morin éditeur, 2005. p. 373.

2   J.-F. CHICOINE et N. COLLARD. *Le bébé et l'eau du bain. Comment la garderie change la vie de vos enfants.* Montréal : Québec Amérique, 2006, p. 380.

3   R. CLOUTIER, P. GOSSELIN et P. TAP, *Op cit.,* p. 361.

4   S. GOLDBERG. *Attachement and Development.* London : Arnold Publ., 2000, p. 133-149.

5   K. KEENAN. *Le développement et la socialisation de l'agressivité pendant les cinq premières années de la vie.* Centre d'excellence pour le développement des jeunes enfants. Article sur le web : www.enfant-encyclopedie.com/Pages/PDF/KeenanFRxp.pdf CEDJE.

6   P. BÉGIN. *Commentaires des milieux. Politiques publiques et prévention de l'agressivité chez les jeunes enfants.* Centre d'excellence pour le développement des jeunes enfants, 2004. Article sur le web : www.excellence-jeunesenfants.ca/documents/BeginFR.pdf.

7   R.E. TREMBLAY. « L'origine de la violence chez les jeunes ». *Isuma,* 2000 vol. 1 (2).

8   K. Keenan, *Op cit.*

9   S. LANDY. *Pathways to Competence. Encouraging Healthy Social and Emotional Development in Young Children.* Baltimore : Brook Publishing Co., 2002.

10 E. ANTIER. *L'agressivité.* Paris : Éditions Bayard, 2002, p. 57.

11 F.F. STRAYER. *Adaptation psychosociale du jeune enfant.* Département de psychologie UFR de Science de l'Homme. Université de Bordeaux, novembre 2002, p. 33.

12 J. DUMAS. *L'enfant violent: le connaître, l'aider, l'aimer.* Paris: Bayard, 2000. p. 62-63.

13 R.E. TREMBLAY. *Développement de l'agressivité physique depuis la jeune enfance jusqu'à l'âge adulte.* Montréal: Centre d'excellence pour le développement des jeunes enfants, 2003. Article sur le web:
www.excellence-jeunesenfants.ca/documents/TremblayFRxp.pdf

14 E. ANTIER, *Op cit.,* p. 91.

15 S. LANDY, *Op cit.,* p. 373, 426-427.

CHAPITRE 3

Antidotes aux comportements agressifs

Encadrement parental efficace

« Aucun enfant ne naît civilisé. Car tous au début de leur vie ont un fonctionnement psychique à mille lieues des règles de la vie en société[1]. »

En effet, les petits fonctionnent selon le principe du plaisir, c'est-à-dire qu'ils veulent obtenir le plus de satisfactions possible et le plus vite possible. Ce plaisir est convoité sans aucune considération pour l'autre, puisqu'ils vivent comme s'ils étaient le centre du monde. L'égocentrisme teinte toutes leurs interactions. Ils ont donc besoin de l'adulte pour s'humaniser, pour maîtriser leurs envies et pour considérer le point de vue de l'autre. S'ils n'apprennent pas cela, les enfants deviennent des tyrans, vivent du rejet et continuent d'utiliser des voies agressives pour satisfaire leurs désirs.

Le rôle des parents consiste donc à amener leur petit à évoluer vers la réalité, à prendre contact avec les contraintes inhérentes à la vie en société. « La tâche du parent est double : il doit alimenter la conscience de l'enfant en lui montrant ce qui est préférable, de manière à faire grandir son parent intérieur, et il doit en même temps faire contrepoids aux impulsions qui animent l'enfant parce que sa responsabilité ne se limite pas à montrer à l'enfant ce qui est préférable, mais aussi à s'assurer qu'il le fait[2]. »

Ces régulations entre les désirs de l'enfant et les règles de l'adulte — édictées en fonction du bien-être de l'enfant et du respect du milieu — permettent au petit de s'adapter peu à peu socialement. La discipline est au service de l'enfant, c'est-à-dire qu'elle lui procure des limites sécurisantes, sans nuire à son autonomie et à son identité. La socialisation de l'agression s'amorce dans la famille. En lui faisant respecter des règles, on propose à l'enfant des modèles à imiter pour lui inculquer des valeurs au quotidien. « Les liens entre les méthodes éducatives des parents et le développement des problèmes de conduite chez l'enfant sont largement documentés. Lorsqu'on aborde la question du rôle parental, les notions d'affection, de contrôle des comportements indésirables et de niveau d'engagement des parents sont soulevées[3]. » Jean Dumas[4] ajoute : « Mes recherches et celles de nombreux collègues indiquent généralement à partir d'observations directes dans le cadre familial que la plupart des mères des jeunes enfants agressifs ont des difficultés majeures de discipline. » Les recherches associent le développement des problèmes de comportement à une discipline incohérente, à des stratégies coercitives, à une supervision déficiente et au peu d'engagement des parents[5]. Frank Vitaro et Claude Gagnon[6] précisent : « Ils adoptent une discipline où alternent des stratégies autoritaires et rigides et des stratégies permissives ou de laisser-aller. »

Un encadrement inefficace se caractérise d'abord par son incohérence. Dans une étude canadienne, on a observé que 44 % des jeunes enfants dont les parents adoptent un style permissif irrationnel éprouvaient des troubles émotifs ou des troubles de comportement, alors que seulement 20 % des enfants du groupe des parents qui disent se faire écouter manifestaient de telles difficultés[7]. Tantôt sévère et punitif, le parent cesse de sévir lorsqu'il est confronté à l'opposition de son enfant, ce qui encourage celui-ci à maintenir ses stratégies et ses comportements inappropriés. Les consignes manquent de clarté, les attentes envers les enfants sont imprécises (Vitaro et Gagnon)[8]. Bien que l'incohérence nuise indéniablement à la socialisation de l'agression, il ne faut pas négliger l'impact de l'approche sévère et punitive. « Campbell et ses collègues ont constaté que le recours, tel que rapporté par les mères, à des techniques de discipline négative à l'âge de 4 ans est prédicteur de problèmes d'externalisation à 9 ans[9]. » Si le parent se montre permissif, il devient souffre-douleur puisqu'il en vient à négliger ses propres besoins d'adulte. Il envoie à son enfant le message que le monde ne fonctionne que pour satisfaire ses désirs. L'enfant cherche ses limites, de plus en plus et toujours plus loin. La famille vit dans un climat de tension où la violence de l'enfant n'est pas court-circuitée. Par ailleurs, si le parent utilise la fessée et la correction physique, il répond à l'agressivité du petit par la violence et en favorise ainsi l'usage.

Par contre, « plusieurs auteurs ont noté que les parents qui se montrent vigilants à l'égard de la conduite de leur enfant, c'est-à-dire constants dans les exigences qu'ils posent et qui affichent une attitude chaleureuse et juste envers leurs enfants sont plus susceptibles de favoriser le développement de l'autocontrôle chez ce dernier[10]. » Vigilance et constance exigent du temps, de la persévérance, de la patience et, par conséquent, un engagement parental. Il s'agit d'exercer ses responsabilités en tant que guide et modèle, de jouer un rôle actif dans le développement de l'enfant, cet être en devenir. On observe cet engagement non seulement dans la transmission des valeurs par les règles, mais surtout et avant tout dans la relation.

L'enfant qui est aimé et qui bénéficie d'une attention parentale chaleureuse et empathique accepte plus facilement les restrictions et la discipline. Il a pris et prend encore contact avec l'objet de son amour, maman et papa qui lui procurent affection et de nombreuses occasions de plaisirs partagés. Ils ne sont pas que des policiers aux aguets prêts à sévir devant toute inconduite.

Faites confiance à cet amour profond tissé au jour le jour depuis la naissance du petit. Cet amour ne se détruira pas, ne diminuera pas parce que vous frustrez votre enfant d'un « non » ferme. Les études démontrent que « les enfants dont les parents sont très punitifs et peu chaleureux ont davantage tendance à avoir des problèmes d'adaptation sociale que ceux dont les parents sont chaleureux et attentifs et exercent un contrôle ferme, mais non excessif[11]. »

D'autres recherches[12] ont démontré qu'un climat familial chaleureux et empathique est associé, chez les jeunes enfants et même chez les plus vieux, au développement d'habiletés en négociation et à une plus grande sensibilité aux autres. C'est donc la combinaison de la sensibilité parentale (affection, attention positive, souplesse) et du contrôle des comportements qui composent l'encadrement parental le plus efficace.

Plusieurs éléments facilitent l'exercice de la discipline :

- *Une relation d'amour.* L'enfant se sent rassuré par un encadrement chaleureux où les parents sont disponibles et fiables. L'amour demeure indéfectible et inconditionnel, malgré les disputes ou les réprimandes. Les limites sont imposées pour servir l'épanouissement de l'enfant.

- *Un environnement prévisible et sécuritaire.* Les rituels ponctuent les moments de vie, comme le repas, la sieste, le coucher. L'enfant sait comment ces périodes se déroulent, intègre peu à peu la séquence des gestes à poser et anticipe les attentes et les réactions de ses parents. Cela lui procure un sentiment de sécurité et limite le besoin de répéter les consignes.

- *La sensibilité et la souplesse.* La discipline sert l'enfant, elle doit donc s'ajuster à son âge, au contexte. Par exemple, les parents de Pierre, 4 ans, lui demandent habituellement de ranger tous ses jouets avant de se coucher. Mais ce soir, Pierre joue à l'architecte et il a entrepris de construire tout un village. Il s'est affairé plus de 30 minutes et il est toujours absorbé par son entreprise. Son père lui permet de conserver ses constructions et de laisser des blocs par terre afin qu'il puisse poursuivre son projet le lendemain. Il ne s'agit pas d'un dégât, mais d'un chef-d'œuvre !

- *Des valeurs familiales bien ciblées.* Sachant que le petit doit intégrer un nombre restreint de limites, il devient capital pour les parents de déterminer les valeurs qu'ils veulent transmettre à leurs enfants. Ces valeurs deviennent des priorités éducatives auxquelles chaque conjoint adhère sans compromis, assurant ainsi la cohérence dans le couple et la constance avec l'enfant. Des règles incontournables soutiennent ces valeurs. Respect de soi et de l'autre, honnêteté sont à la base d'une morale appuyant la non-violence.

- *Des messages clairs.* La formulation des consignes aux enfants doit leur permettre de comprendre quelles sont les attentes précises des parents. Quels gestes, quels comportements doivent-ils accomplir ou arrêter ? « Sois gentil », « Calme-toi », « C'est assez », tout cela peut signifier des choses différentes, selon le message et selon le contexte. Décrivez concrètement et positivement vos attentes, en évitant les « ne pas ». Si vous pouvez illustrer mentalement la consigne par un petit dessin, dites-vous que l'enfant a aussi de bonnes chances de saisir votre intention.

- *Les modèles.* Les enfants observent leurs parents, les admirent et les imitent. Parmi les facteurs d'influence responsables du contrôle de soi, on trouve les modèles offerts à l'enfant[13].

Clarté, constance, cohérence et sensibilité soutiennent un encadrement parental efficace. Du bébé au grand de 5 ans, les parents doivent affronter les inconduites de leur enfant en s'adaptant à leur niveau de développement.

Bébé Léa est très excitée. Papa l'amène à la piscine dans ses bras. Ses petits pieds frôlent l'eau tiède, elle entend les cris stridents de sa cousine. Elle s'agite et tape dans l'eau. Son papa éclaboussé rit de bon cœur. Puis elle reproduit ce geste dans le visage de son père. Elle cherche à reproduire un effet, explore les réactions. Son papa lui dit: « Non, pas sur moi. Ça fait mal! C'est amusant dans l'eau. Regarde. » Il réagit calmement et explique brièvement ce qui se passe, il offre à sa fillette un moyen pour détourner son attention vers la découverte. Bébé Léa explore son environnement en tentant de le faire réagir.

Les parents des petits doivent s'attendre à répéter, répéter et répéter. Ce n'est qu'au cours de la deuxième année que l'enfant se dégagera du cycle action-réaction et pourra se souvenir des interdits, grâce à la représentation mentale. Le bébé a besoin de temps pour comprendre ce qui se passe, c'est-à-dire saisir que son geste provoque telle ou telle réaction. Son environnement sécuritaire lui procure des occasions d'expérimenter le pouvoir de ses gestes et ses parents, s'ils sont patients et aimants, la rassurent lorsque les conséquences la surprennent.

Laura, 2 ½ ans, frappe sa maman au visage. Josée ne comprend pas le geste de sa fille qui semblait si heureuse de la retrouver après la journée à la garderie. Elle a couru dans ses bras. Et vlan! une gifle en plein visage! Les enfants de cet âge peuvent avoir de brusques variations d'humeur. Josée fronce les sourcils et dépose sa fille par terre. Laura trépigne. « Laura, tu le sais, je ne te laisserai jamais me faire mal. Si tu veux marcher toute seule, tu peux me le dire. Maintenant, tu as le choix. Est-ce que tu veux que je te prenne ou tu y vas toute seule ? » Les enfants de 2-3 ans prennent conscience des interdits si les parents sont constants dans les règles et dans leurs réactions lors des inconduites.

Hugues, 4 ans, s'amuse au parc, dans la glissoire qui tourne. Ses parents discutent ensemble. Ils sont fiers de leurs fils, qui laisse les autres enfants glisser et attend son tour. Il a même consolé la sœur de Jules, bousculée par un grand, et il a soufflé sur son bobo, comme le fait son propre père. D'ailleurs, ce geste lui a valu un beau sourire de maman et un clin d'œil de papa. Maman signifie à Hugues qu'il est temps maintenant de retourner à la maison. Il continue ses jeux. Son père l'agrippe et l'extirpe des escaliers de la glissoire. Hugues le frappe. « Je n'accepte pas que tu me frappes. Tu le sais. » « Je ne pouvais pas sortir des escaliers en reculant. Ce sont des escaliers difficiles qui ne veulent pas », répond Hugues. La pensée animiste des enfants d'âge préscolaire les pousse à blâmer les objets qui leur nuisent. Bien qu'ils obéissent plus souvent à 3-5 ans, parce qu'ils conservent plus longtemps en mémoire les interdits et qu'ils cherchent à plaire, il leur arrive encore de s'opposer aux adultes. Ils sont capables d'anticiper ce qui va se passer, les séquences d'action avant-après et les conséquences concrètes. C'est pourquoi il vaut mieux aviser l'enfant à l'avance des étapes d'une activité et de les lui faire répéter. « Tu te souviens, Hugues, après trois glissades, nous devrons retourner à la maison. » Avant le départ pour le parc, le parent peut demander les règles pour la sortie. « Je tiens la main de papa ou de maman et quand c'est le temps de revenir, j'arrête mon jeu. »

On peut expliquer au petit les conséquences de ses gestes vers l'âge d'environ 3 ans. Vers 5 ans, la méthode devient très efficace, c'est-à-dire que le petit réfléchit aux conséquences de façon autonome[14]. Toutefois, il faut s'assurer que l'enfant comprend le lien entre le comportement et la conséquence, et celle-ci doit être immédiate. Il faut donc proscrire les formules suivantes : « Si tu continues de frapper les gens, plus tard tu iras en prison… » ou « Les policiers vont t'arrêter… ». Les conséquences doivent aussi être naturelles et logiques[15], c'est-à-dire en lien direct avec le méfait. Par exemple, on retire des ciseaux pointés vers l'autre ou on sort l'enfant de la baignoire s'il fait des pitreries dangereuses ou des dégâts.

Quel que soit l'âge de l'enfant, il faut avant tout reconnaître, décoder et verbaliser ses besoins ou ses sentiments. Un petit peut frapper par excitation, par colère, par détresse, par insécurité ou par maladresse. Quelle que soit la bêtise de l'enfant, la relation reste la priorité. On contredit ce principe de base si on ignore un comportement de l'enfant ou si on le confine sans lui dire pourquoi, sans lui suggérer des solutions de rechange et sans renouer avec lui lorsqu'il est en état de réceptivité. Pour socialiser, l'enfant doit comprendre, apprendre et s'exprimer. Ce n'est certes pas dans la solitude qu'il amorcera ce processus.

L'attention positive

«Ga!», «gade!», «regarde!»: l'enfant cherche à capter le regard de ses parents, il sollicite leur présence pour partager ses découvertes et démontrer ses exploits. Le regard de l'autre nourrit son estime de soi. Il doit prendre conscience de sa propre valeur avant de concevoir que les autres sont également dignes de respect.

«Je vous présente Jonathan le tannant. Il est comme son père, pas de tête… Il n'écoute rien, il est colérique. Bonne chance!» C'est ainsi que la maman de Jonathan a intégré son fils de 4 ans au service de garde. Récemment abandonnée par le père de ses trois enfants, cette femme anéantie, épuisée, en colère, survivait du mieux qu'elle pouvait à l'effondrement de ses rêves. Le fait d'apposer une étiquette à un enfant démontre bien l'impuissance de l'adulte à décoder ses besoins. Et Jonathan le tannant s'efforçait au jour le jour de nous faire la preuve qu'il portait bien son surnom. Il défendait son étiquette! Il en a fallu de la persévérance et de la confiance en son potentiel pour lui faire endosser l'autre

Jonathan, blessé certes, mais aussi capable d'apprendre à contrôler ses gestes impulsifs.

L'attention, qu'elle soit positive (encouragements, marques de reconnaissance, etc.) ou négative (punition, menace, chantage affectif), agit sur la fréquence ou l'intensité du comportement de l'enfant. Si on est attentif à un comportement, on augmente la probabilité qu'il se répète. En général, « on accorde de trois à cinq fois plus d'attention aux comportements dérangeants qu'aux comportements adéquats[16] ». L'étude de Allan Shore[17], datant de 1994, soulève qu'« entre l'âge de 11 et 17 mois, le tout-petit se voit interdire une action toutes les neuf minutes ». Il est donc important de choisir les comportements qu'on veut voir se consolider et se développer. En effet, il existe un lien entre l'ignorance des comportements positifs et la réponse positive aux comportements négatifs et l'agressivité[18].

Richard Cloutier et Louise Dionne[19] soulignent que « les parents des garçons agressifs rejetaient et punissaient plus leurs enfants que ceux des autres groupes (non agressifs et assertifs) ». Ces auteurs ont relevé des résultats de recherche et ont ainsi constaté que la punition psychologique (chantage, infériorisation et culpabilisation) agissait négativement sur la confiance en soi de l'enfant et sur son sentiment de sécurité. On observe aussi de l'agressivité retournée contre soi, de l'autodestruction. Quant à la punition corporelle, elle provoque l'agressivité, des actes antisociaux et de la délinquance[20]. Le chantage affectif (je ne t'aime plus ou je ne t'aimerai plus) provoque chez l'enfant la peur d'être rejeté ou abandonné s'il n'obéit pas.

Cette forme de menace, au même titre que la culpabilisation (« tu l'as fait pleurer, tu devrais avoir honte »), insécurise l'enfant et l'enlise dans une relation qu'il perçoit comme étant fragile et sujette aux changements. Quant à la punition physique, elle confirme à l'enfant que l'usage de la force ou de la violence est un moyen efficace pour atteindre ses objectifs.

« L'absence de renforcement pour les comportements désirables empêche que ces derniers fassent partie du répertoire de l'enfant[21]. » La discipline incitative prônée par Germain et Martin Duclos[22] fait l'éloge de la reconnaissance des gestes positifs et des efforts de l'enfant pour s'améliorer. Quelquefois, en milieu de garde, nous observons l'émergence de comportements dérangeants chez des enfants jusque-là bien adaptés au groupe, en réaction aux attitudes éducatives centrées sur les gestes répréhensibles. L'enfant non agressif, en quête de reconnaissance de son éducatrice, en vient à reproduire les gestes non acceptables d'un camarade à qui on accorde toute l'attention. En effet, les programmes de répression des comportements négatifs (ceux centrés sur la punition ou le retrait) se sont avérés nettement moins efficaces que les programmes centrés sur la promotion des comportements positifs. Il est donc important d'apprendre à reconnaître les petits gestes que les enfants font et que l'on ne remarque pas puisque ce sont plutôt ceux qui nous dérangent qui attirent notre attention.

Benoît, 4 ans, et son frère Martin, 6 ans, se bagarrent. Leurs gestes sont brusques, particulièrement ceux de Benoît, qui administre une grande tape dans le dos de son frère en signe de salutation. Sa mère le contraint à jouer seul à la suite d'une telle altercation. Elle en parle à son père, qui le sermonne longuement. Par contre, Benoît se montre doux et affectueux envers Coralie, sa petite sœur de 1 an. Il lui caresse les cheveux, lui donne des baisers tendres sur les joues. Voilà une belle occasion pour les parents de souligner sa capacité à entrer en lien positivement, doucement. « Je vois que tu donnes de beaux câlins tout doux à Coralie. Je te félicite de prendre tes mains d'amour. Je vois que tu es capable. » Elle fera remarquer ces gestes à papa devant Benoît. Il aura certainement le désir d'en faire autant avec son frère. Un « Salut Martin ! » sera encouragé.

Il y a de multiples façons d'accorder de l'attention positive : un sourire, un clin d'œil, un mot de félicitations, un signe de la main, un applaudissement ou tout autre signe convenu avec l'enfant. Les félicitations doivent être immédiates et concrètes, c'est-à-dire que les mots doivent décrire concrètement l'action de l'enfant et la satisfaction de l'adulte. Vers l'âge de 4 ou 5 ans, on peut aussi promouvoir l'autofélicitation, ce qui favorise l'auto-critique (« Applaudis-toi ! Et toi, es-tu content de… ? »). Dès l'âge de 3 ans, les enfants sont sensibles aux éloges, ils aiment se vanter. Même les bébés réagissent à l'attention positive. « Il est possible d'encourager les comportements altruistes chez les petits en manifestant son intérêt à l'enfant qui vient de faire plaisir ou de rendre service à un autre bébé et en étant soi-même un modèle à imiter[23]. »

TABLEAU 1

MESSAGES POSITIFS POUVANT SERVIR À RENFORCER
DES COMPORTEMENTS DÉSIRABLES

	Comportements négatifs	Comportements positifs	Messages positifs
1	Il arrache les jouets.	Il demande un verre de lait poliment.	Super, tu me fais une belle demande. Tu as appris à demander.
2	Il crie et harcèle pour obtenir quelque chose.	Il attend patiemment à la crémerie.	Bravo, il y avait plusieurs personnes. Il fallait attendre. Tu as été patient, tu as été capable d'attendre.
3	Il lance les objets lorsqu'il éprouve de la difficulté à exécuter une tâche.	Il vient demander de l'aide pour s'habiller.	Bravo, tu viens me demander de l'aide. Ton manteau est difficile à attacher. Ensemble, on a réussi.

4	Il ne veut pas partager ses jouets.	Il partage son muffin avec son frère.	C'est bien, tu partages ton muffin avec Gabriel. Regarde comme il sourit, il est content et moi aussi.
5	Il pousse pour être le premier et ignore l'autre qui pleure.	Il fait semblant de consoler son bébé qui pleure et suit un autre carrosse de poupée.	Tu consoles ton bébé, il pleure. Tu as vu qu'il avait de la peine. Quelle bonne idée : tu suis le carrosse de Caroline ! Comme ça, il n'y a pas d'accident. Bravo, tu as accepté de passer après Caroline !

Cette approche exige de l'observation, de l'attention et du temps. Une maman me faisait remarquer en conférence que lorsque ça allait bien à la maison, qu'il n'y avait pas de dispute, elle en profitait pour s'acquitter de ses tâches ménagères. Elle a ensuite avoué que ces périodes étaient courtes et que la gestion des conflits lui demandait un temps fou. En réalité, il est plus profitable de partager dix minutes avec ses enfants en soulignant le plaisir que l'on a parce que c'est agréable de partager, d'échanger et de jouer avec eux. Ils auront ensuite toute la motivation nécessaire pour reproduire les gestes positifs. Après avoir passé du temps avec leurs parents, ils cesseront peut-être de prolonger l'heure du coucher pour avoir de l'attention.

L'utilisation de l'attention positive repose sur la conviction profonde que chaque enfant peut se développer harmonieusement. Cela valide et encourage l'autonomie affective de l'enfant et le rassure quant à sa valeur.

Favoriser l'expression verbale : le langage, outil majeur

« Depuis 60 ans, les recherches démontrent qu'il existe un lien marqué entre le comportement perturbateur et le retard de langage chez les enfants, les adolescents et les adultes[24]. » D'ailleurs, on observe déjà ce lien à l'âge de 19 mois[25]. Jean Dumas[26] soulève que, « comparés à des enfants sans difficulté, les enfants agressifs ont un usage plus limité de la parole pour partager leurs expériences ou dire ce qu'ils ressentent, pour influencer leur entourage ou pour chercher à résoudre un problème ». Suzanne Denham et Rosemary Burton[27] associent les compétences émotionnelles des enfants et les modèles offerts par les parents à leurs façons de réagir aux émotions de leur enfant. Les « compétences émotionnelles » désignent la capacité de l'enfant à reconnaître ses émotions et celles des autres, à les exprimer et à les réguler, de telle sorte qu'il réagit dans le respect. Ainsi on remarque, chez les enfants dont les parents ne reconnaissent pas et ne nomment pas les émotions, des difficultés à se montrer empathiques et à gérer leurs émotions.

Le langage permet à l'enfant de communiquer, d'entrer en contact, de socialiser. Il donne des mots à ses émotions, à ses besoins, ce qui l'aide à passer du mode préverbal de la communication au mode verbal. Il soutient l'écoute, jette des bases pour développer sa sensibilité à l'autre. Kaler et Kopp[28] ont montré que les jeunes enfants respectaient les consignes des adultes selon leur degré de compréhension du langage. L'enfant qui éprouve de la difficulté à s'exprimer éprouve aussi des difficultés à créer et à maintenir des amitiés[29].

Les enfants qui comprennent difficilement les autres et qui ont peine à s'exprimer risquent plus de manifester des problèmes d'adaptation psychosociale. En effet, le langage sert aussi l'auto-régulation affective et soutient ainsi le contrôle de soi. L'enfant qui réussit à dire qu'il est fâché ou que tel objet est à lui se distance de l'urgence du moment, réfléchit puis s'exprime. Cette distanciation freine le geste et lui permet d'agir de façon positive, sans frapper ou pousser. De plus, il en vient à se parler. Observez un enfant passionné dans son jeu, il se raconte, il commente ce qu'il fait, ce qui arrive sans s'adresser à qui que ce soit. Il se parle. Ce langage intérieur peut aussi influencer son comportement.

Étienne, 4 ans, stationne son auto dans le garage de blocs. L'auto pénètre, puis reste coincée. Il tente alors de la retirer. « Bon, c'est ça. Toi, tu veux pas sortir. Je veux pas que ça tombe, je vais tirer un peu. » Les blocs se défont. « C'est pas la bonne auto pour le garage, j'en veux une plus petite. Bravo ça passe ! » Tous ces commentaires lui ont permis de réagir efficacement et sans crise de colère. Des chercheurs ont démontré que les enfants qui sont habiles pour résoudre des problèmes utilisent plus souvent le langage intérieur[30]; c'est donc un moyen efficace pour comprendre, planifier et se contrôler en exécutant une tâche ou en réglant un conflit.

Le rôle des parents en matière de soutien et de stimulation du langage débute dès la naissance. Les nourrissons pleurent et font des vocalises de façon non intentionnelle, jusqu'à environ 6 mois. Cependant, des parents particulièrement attentifs aux bébés tissent la relation, ce qui pousse le bébé à émettre encore et encore ces sons, à regarder de nouveau ses parents. Entre 6 et 18 mois, la communication devient intentionnelle, le bébé cherche à entrer en lien et est capable de coordonner son attention visuelle avec celle d'une autre personne. On regarde ensemble (attention conjointe[31]). Enfin à partir de 18 mois-2 ans, l'enfant commence à s'exprimer d'une manière plus efficace. Peu à peu, le langage surpasse l'action. C'est entre 3 et 4 ans que l'enfant pratique le langage intérieur. Cette pratique est à son maximum vers 5-6 ans[32].

Anne-Sophie, 2 ½ ans, se dispute avec son frère Antoine pour un jouet. Elle crie en tirant sur l'objet. La maman encourage Anne-Sophie : « Dis-lui avec des mots ce que tu veux. » Anne-Sophie met ses mains sur ses hanches et, avec beaucoup de sérieux, regarde Antoine et lui dit : « Mots » ! Les petits ont besoin de modèles verbaux concrets accolés à la réalité frustrante. « Dis-lui, à Antoine, que c'est à toi. Dis-lui : "Je veux garder mon éléphant". » Les modèles doivent aussi être adaptés au niveau de langage de l'enfant. « Je veux. Donne. À moi. Encore. Fâchée. Bravo ! » Voilà aussi des verbalisations qui peuvent aider un petit à dire au lieu d'agir. L'apprentissage se fait par imitation, certes, mais aussi par la pratique. Les parents peuvent mettre en place des situations où l'enfant demande pour obtenir quelque chose ou dit ce qu'il préfère, ce qu'il ressent. Les instants de la vie peuvent s'avérer riches de stimulations et d'échanges.

Le livre de Maryse Beauchemin, Sylvie Martin et Suzanne Ménard, intitulé : *L'apprentissage des sons et des phrases, un trésor à découvrir* et publié par les Éditions du CHU Sainte-Justine, est une ressource en ce sens.

Grâce aux échanges en famille, l'enfant a l'occasion de regarder faire les grands, de les imiter et d'être encouragé à parler. Il ne s'agit pas d'inonder l'enfant de paroles, mais plutôt de mettre des mots sur ses jeux, sur ses centres d'intérêt et, surtout, sur ses interactions avec les autres. En participant aux conversations, l'enfant apprend à tenir compte de l'autre en respectant son tour de parole, en remarquant son état affectif et en découvrant peu à peu l'art du compromis et de la négociation verbale.

TABLEAU 2
Occasions de la vie quotidienne susceptibles de stimuler le langage

Occasions	Thèmes de discussion
En regardant des photographies de famille.	· Qu'est-ce qui s'est passé à cette fête ? · Émotions des personnes sur la photo. · Sentiments de l'enfant à cette occasion. · Situer dans le temps.
En racontant une histoire.	· Faire choisir l'histoire et demander le motif de son choix. · Raconter l'histoire à sa façon. · Faire anticiper ce qui va arriver au personnage. · Décrire les émotions des personnages. · Évaluer ou non tel ou tel comportement du personnage.
En écoutant une émission de télévision ou un film.	· Qu'est-ce qu'il aime ou n'aime pas dans ce qu'il regarde. · Faire anticiper ce qui va arriver au personnage. · Décrire les sentiments des personnages. · Pourquoi tel ou tel personnage est fâché, triste ou joyeux. · À quoi pense ce personnage silencieux.
Au repas.	· L'adulte raconte un événement du jour en nommant ce qu'il a ressenti ou pensé, et comment il a réglé la situation. · Échanges sur l'activité la plus agréable de la journée.
Dans l'autobus, le métro ou au parc.	· Faire observer à l'enfant les façons utilisées par les autres pour régler un problème ou entrer en contact. Qu'ont-ils dit ?
En période de jeu.	· Poser des questions pour l'emmener à décrire ce qu'il fait. · Faire préciser en offrant des choix.

Proposer des activités physiques : favoriser le jeu

« L'enfant est une boule d'énergie, il n'est ni bon ni mauvais[33]. » Demander à un enfant d'être immobile et sage, c'est nier son besoin d'activité motrice et exutoire qui lui est nécessaire. C'est oublier l'enfant pour répondre au besoin de tranquillité des adultes. L'éducation consiste donc à canaliser cette énergie vers des activités ou des gestes acceptables.

TABLEAU 3
Canaliser le geste - Exemples

Tire les cheveux de sa sœur.	· Offrir une brosse pour peigner la poupée.
Transporte des objets défendus.	· Aider à transporter des objets non cassables. · Jouer au déménagement avec des boîtes récupérées.
Se promène dans la maison avec les souliers coûteux de maman ou des patins.	· Utiliser des boîtes de papier mouchoir comme patins ou bottes d'astronautes. · Patiner avec de vieilles pantoufles ou des bas.
Petit de moins de 18 mois qui tape sur les autres avec un objet.	· Offrir un chaudron à frapper.
S'amuse dans la toilette.	· Permettre des jeux d'eau dans un bac réservé à cette fin. · Prolonger la période du bain afin de répondre aux désirs d'explorer l'eau.
Crie dans la maison.	· Faire les rugissements du lion lorsqu'on joue dehors.

Les besoins moteurs des trottineurs (1-2 ans) sont très grands. Ils doivent trouver satisfaction dans les jeux d'exploration et les jeux purement moteurs, tels que grimper, courir, sauter, pousser, tirer, lancer. Quant aux 3-6 ans, ils exercent leurs petits et leurs grands muscles dans les mêmes types de jeux certes, mais aussi dans les jeux de construction et de « faire semblant », appelés aussi « jeux symboliques » (jouer à la maman, au docteur, au restaurant, etc.). Le jeu favorise l'émergence et la consolidation des habiletés sociales.

LE JEU AU SERVICE DU DÉVELOPPEMENT DES HABILETÉS SOCIALES DU JEUNE ENFANT

Les jeux moteurs

Nature du jeu
- Grimper, monter, culbuter, glisser, courir, pousser, tirer, lancer.

Relation avec les autres
- Selon l'âge, se fait en solitaire, en parallèle ou en petits groupes.

Habiletés sociales sollicitées
- Attendre son tour.
- Accepter la proximité physique de l'autre.
- Demander.
- Agir doucement en fonction de l'autre.

Les jeux de construction

Nature du jeu
- Assembler des morceaux pour en faire un tout, empiler des blocs, jouer à faire des châteaux de sable.

Relation avec les autres

- Donne, montre, demande des objets ou des actions à l'autre.
- Tente de reproduire.
- Demande de l'aide de l'adulte.

Habiletés sociales sollicitées

- Faire des demandes.
- Partager.
- Accepter la proximité physique de l'autre.

Les jeux symboliques

Nature du jeu

- Faire semblant d'être un animal ou un personnage inventé.
- Imiter les situations familières.
- Utiliser des poupées, des figurines ou des objets représentant d'autres éléments nécessaires à la mise en scène du jeu.
- Mettre en scène des scénarios.
- Planifier les séquences d'actions.

Relation avec les autres

- Attribuer des rôles.
- Imiter les actions des adultes et des pairs.
- Imiter les expressions des personnages mis en scène.
- Jouer en collaboration avec les autres.

Habiletés sociales sollicitées

- Affirmation de soi : montre et exprime ses intentions.
- Faire des demandes.
- Attendre son tour.
- Accepter la proximité de l'autre.
- Accepter les idées des autres et écouter.
- Maîtrise de soi.
- Expression des émotions.
- Sensibilité à l'autre.

Les jeux d'exploration

Nature du jeu
- Fouiller, toucher, transvaser, observer, manipuler.

Relation avec les autres
- Selon l'âge, se fait en parallèle, en solitaire ou en petit groupe.

Habiletés sociales sollicitées
- Accepter la proximité des autres.
- Se restreindre aux objets autorisés (contrôle de soi).
- Agir doucement.
- Attendre son tour.

Les jeux de règles

Nature du jeu
- Jeux d'habiletés ou de stratégies régis par des règles.

Relation avec les autres
- Activité se faisant en groupe.

Habiletés sociales sollicitées
- Écouter.
- Attendre son tour.
- Accepter l'opinion de l'autre.
- Accepter de perdre.
- Accepter de se soumettre à des règles de conduite.

Les jeux de bataille et de lutte

Nature du jeu
- Jeux de corps à corps où les enfants s'amusent à se pousser, à se tirailler.

Relation avec les autres

- Les enfants deux par deux, par petits groupes, mesurent leur force, la dominance de l'un ou de l'autre.

Habiletés sociales sollicitées

- Autocontrôle.
- Écoute.
- Affirmation de soi.

Certains jeux réduisent l'agressivité du jeune enfant en facilitant le passage de gestes agressifs à leur expression symbolique. Ce passage est favorisé par les jeux de bataille, où les protagonistes se poursuivent, se poussent et se bousculent, et par les jeux de guerre. Non seulement les chevaliers à la poursuite du dragon ou les lutteurs dépensent-ils leur énergie et réduisent-ils leur stress et leur anxiété, mais ils apprennent de plus que pour partager le plaisir, il faut modérer ses élans moteurs, évitant ainsi les blessures et l'abandon du partenaire de jeu.

La bataille, les corps à corps ou le jeu avec des dinosaures menaçants font partie du processus de symbolisation. Bien que ces comportements semblent parfois contenir un élément d'agressivité, il est important de ne pas les confondre avec une conduite agressive. Le jeu combatif offre la possibilité à l'enfant d'exprimer des émotions fortes, de pratiquer la maîtrise de soi, en modulant et en refrénant ses gestes et en négociant des rôles. Dans l'imagination de l'enfant, le jeu combatif prend forme dans le « faire semblant ». Ceux qui y participent crient, courent, simulent la colère, se bousculent parfois, mais le plaisir est au rendez-vous. En revanche, les conduites agressives sont sous-tendues par des sentiments réels : frustration ou colère. Dans le feu de l'action, les batailles dégénèrent parfois ; les enfants s'excitent et éprouvent de la difficulté à freiner leurs élans moteurs. L'adulte doit alors arrêter le jeu et faire prendre conscience aux enfants que ce n'est plus un jeu amusant quand on se blesse. Quand c'est un vrai bobo, on ne fait plus semblant. Voilà une belle occasion pour moduler l'agressivité, maîtriser le geste. Ainsi, on proposera aux chevaliers trop excités de bannir les dragons du royaume, de pratiquer l'escrime devant le mur sans le toucher. Et on les invitera par la suite à reprendre le jeu en maîtrisant mieux leur épée.

Étonnamment, interdire le jeu combatif peut l'encourager. Le fait de jouer avec l'enfant l'aide à rediriger son jeu, à exprimer ses sentiments de façon symbolique et ainsi à développer sa capacité à dominer ses conduites agressives.

Si vous acceptez les jeux de guerre et les jeux combatifs ou de héros, ou que vous y participez, vous reconnaissez le besoin des enfants de maîtriser leur monde. Vous pouvez alors leur proposer des solutions de rechange, leur apprendre à se maîtriser, enrichir leur jeu créatif et agir à l'occasion en tant que médiateur. Vous mettez alors à leur disposition du matériel et un lieu qui favorise la liberté du jeu et leur sécurité.

Vous devez aussi prendre conscience de vos propres inquiétudes, de vos résistances devant le jeu vigoureux des enfants et, surtout, replacer ces gestes enfantins dans le contexte du développement de l'enfant. Celui-ci n'est pas conscient de la triste réalité des conflits armés entre adultes. Il vit intensément au cœur de son monde intérieur et fantaisiste.

Entrez parfois dans le jeu. Non seulement vous aiderez le petit à maintenir son attention, à canaliser son énergie et à partager ses émotions avec vous, mais vous aurez aussi le plaisir de cultiver un lien et de maintenir le rapprochement en découvrant son monde.

Notes

1   C. HALMOS. « Existe-t-il des enfants vraiment méchants? » *Psychologie* mars 2007.

2   F. DUMESNIL. *Questions de parents responsables.* Montréal : Éditions de l'Homme, 2004, p. 115.

3   N. ROYER. *Le monde du préscolaire.* Montréal : Gaëtan Morin Éditeur, 2004.

4   J. DUMAS. *L'enfant violent.* Paris : Bayard Éditions, 2000. p. 72.

5   E. KRAKOW. « L'importance des conduites parentales ». *Bulletin du Centre d'excellence pour le développement des jeunes enfants* mars 2007 vol. 6 (1).

6   F. VITARO et C. GAGNON. *Prévention des problèmes d'adaptation. Tome II: Les problèmes externalisés.* Sainte-Foy : Presses de l'Université du Québec, 2002.

7   INSTITUT CANADIEN DE LA SANTÉ PUBLIQUE. *La santé des enfants du Canada : un profil de l'ICSI.* 3ᵉ éd. Ottawa : Institut canadien de la santé infantile, 2005. p. 60.

8   Études de Baumrind, 1967 ; Dumas et LaFrenière, Baudin et Verban 1992 ; Dumas et Wahler 1985 ; Wahler et Dumas 1989 dans F. Vitaro et C. Gagnon. *Prévention des problèmes d'adaptation chez les enfants et les adolescents.* Tome II. Les problèmes externalisés. Sainte-Foy : Presses de l'Université du Québec, p. 145.

9   K. KEENAN. « Le développement et la socialisation de l'agressivité pendant les cinq premières années de la vie ». *Centre d'excellence pour le développement des jeunes enfants,* 2003. Article sur le web : www.enfant-encyclopedie.com/Pages/PDF/KeenanFRxp.pdf CEDJE.

10 R. CLOUTIER, P. GOSSELIN et P. TAP. *Psychologie de l'enfant.* Montréal : Gaëtan Morin éditeur, 2005, p. 367.

11 Études de Baumrind 1971 ; Grusec et Lytton, 1989 dans N. Rayon. *Le monde du préscolaire.* Montréal : Gaëtan Morin Éditeur, 2004.

12 McCOBY et MARTIN 1983 ; Parker 1983 ; Perry, Batis et Dodge 1987 ; Fravaillon et Snyder 1993 cités dans S. Landy *Patways to Competence: Encouraging Healthy Social and Emotional Development in Young Children.* Baltimore : Paul H. Brookes Publishing Co., 2002, p. 378.

13 Études de Perry et Bussey (1984) cités par R. Cloutier, P. Gosselin et P. Tap. *Psychologie de l'enfant.* Montréal : Gaëtan Morin Éditeur, 2005, p. 367.

14 C. WEBSTER-STRATTON. *Incredible Years. A Trouble Shooting Guide for Parents of Children Aged 3-8.* Toronto : Umbrella Press, 2001, chap. 7

15 G. DUCLOS et M. DUCLOS. *Responsabiliser son enfant.* Montréal : Éditions du CHU Sainte-Justine, 2005. Consultez le chapitre 5 pour de plus amples informations et de nombreux exemples.

16 CPEQ. Document de formation, volet *Amis de Fluppy* tiré de Webster-Stratton, C (2000). *How to Promote Children's Social and Emotional Competence.* Paul Chapman Publishing Ltd., London, 319 p. section I.

17 Cité dans G. NEUFEED et G. MATÉ. *Retrouver son rôle de parent.* Montréal : Éditions de l'Homme, 2005, p. 274.

18 Travaux de Dumas et Lafrenière de l'Université de Montréal cités dans J. Dumas *L'enfant violent*. Paris: Bayard Éditions, 2000, p. 74.

19 R. CLOUTIER et L. DIONNE. *L'agressivité chez l'enfant*. Montréal: Edisem/Le Centurion, 1981, p. 142.

20 R. CLOUTIER et L. DIONNE. *Op cit.*, p. 51.

21 R. CLOUTIER et L. DIONNE. *Op cit.*, p. 43.

22 G. DUCLOS et M. DUCLOS. *Op cit.*, p. 130-136.

23 J. MARTIN, C. POULIN et I. FALARDEAU. *Le bébé en garderie*. Sainte-Foy: Presses de l'Université du Québec, 2003, p. 200.

24 G. DIONNE, R.E. TREMBLAY, M. BOIVIN, D. PLANTE et D. PERUSSE. «Étude des jumeaux nouveau-nés du Québec» *Bulletin du Centre d'excellence pour le développement des jeunes enfants*, avril 2003, vol 2 (1).

25 G. DIONNE et al. *Op cit.*

26 J. DUMAS. *L'enfant violent: le connaître, l'aider, l'aimer*. Paris: Bayard Éditions, 2000, p. 75.

27 SKA DENHAM et R. BURTON. *Social and Emotional Prevention and Intervention Programming for Preschoolers*. New York: Klumer Academic/Plenum Publ., 2003, p. 168.

28 Cités dans N.J. Cohen «L'impact du développement du langage sur le développement psychosocial et affectif des jeunes enfants». *Centre d'excellence pour le développement des jeunes enfants*, 2005. Article sur le web: www.excellence-jeunesenfants.ca/documents/CohenFRxp.pdf

29 Evans cité dans Nancy J. COHEN. *Op cit.*

30 Azmita 1992; Bivens et Beck 1990; Gastill et Diaz 1991; Goodman 1981 cités dans S. Landy, S. *Pathways to Competence: Encouraging Healthy Social and Emotional Development in Young Children*. Baltimore: Paul H. Brookes Publ. Co., 2002, p. 482.

31 Étapes décrites dans N.J. COHEN, *Op cit.*

32 S. LANDY, *Op cit.*, p. 482.

33 E. ANTIER. *L'agressivité*. Paris: Bayard Éditions, 2002, p. 44.

CHAPITRE 4

Les mordus de la morsure

Comprendre le geste

Antoine rit, s'agite sur la table à langer. Maman l'embrasse sur le ventre et sur le nez, plaque sa bouche sur son bedon et souffle : « Mmm, tu sens si bon, je t'adore, je te mangerais tout rond, mon petit lapin ! » Antoine entreprend sa matinée de découvreur. Il poursuit ses explorations buccales. Voilà un toutou mou lorsqu'on le croque et puis un bébé dur et lisse. Il repousse la poupée, le goût de ses cheveux le rebute. Il rencontre sur son chemin un autre bébé, mais lorsqu'il le mord, il crie. Tiens ! Maman est furieuse : « Non, pas avec les dents sur bébé Samuel, ça lui fait mal ! »

Le bébé entre en contact avec le monde qui l'entoure par la bouche. La relation avec la mère passe par la tétée, par le contact du lait chaud dans la bouche et la douceur du sein entre les lèvres. Dès qu'il rampe, il explore en mettant à sa bouche ce qu'il découvre sur son chemin. Il suce, mange, mord, recrache l'objet de son exploration. Cette phase, dite orale, peut se prolonger jusqu'à 18 mois. La bouche permet à l'enfant de découvrir ce qu'il aime ou non, et constitue son mode d'expression avant l'apparition du langage.

La morsure des petits trottineurs a parfois l'allure d'un maladroit geste d'exploration. Par exemple, s'il explore les saveurs de la joue ou du bras du bébé qui se trouve à côté de lui, il découvre que cette dégustation provoque une réaction sonore.

Le petit de 18 mois est le naïf utilisateur de sa bouche, lieu central d'un plaisir renouvelé par l'arrivée de nouveaux aliments solides savoureux. D'ailleurs, ne l'invite-t-on pas à croquer les nouveautés culinaires, à sucer sa tétine, à embrasser grand-maman ? Il observe les grands qui se servent de leur bouche pour donner des baisers appréciés.

Il a donc la croquée exploratoire qui lui permet de classifier les mordées (permises pour goûter, manger, sucer ou se soulager les gencives) et les mordées interdites. En effet, après quelques observations, ce petit crocodile s'aperçoit qu'une croquée effectuée à même une personne, petite ou grande, provoque la réprimande.

C'est vers 18 mois que l'on observe le plus de morsures. L'enfant possède alors quatre nouvelles dents, les canines, sans compter des incisives et des prémolaires déjà en fonction. Ses capacités locomotrices lui permettent de se déplacer efficacement et de se livrer à des expériences… incisives.

La pousse des dents peut aussi expliquer les morsures répétées. Les vingt dents apparaissent entre le huitième mois et l'âge de 3 ans. La pousse des premières dents est douloureuse : la dent perce et coupe la gencive. Le petit bave ; il fait des mouvements de mâchoire pour frotter ses gencives et cherche à mordiller pour se soulager. Le traitement consiste simplement à fournir au petit crocodile des jouets conçus à cette fin ou à le laisser mâcher des aliments durs. Il faut lui dire qu'il peut mordre dans ces objets pour faire du bien à ses dents.

La « mordée » est parfois l'expression d'un amour féroce. Les petits observent les adultes qui s'embrassent amoureusement ou qui disent : « Je t'aime assez, je te mangerais. » Ils intègrent cette image et expriment leur amitié à coup de dent. Ils n'ont pas encore assez de contrôle de soi pour exprimer la joie, l'excitation ou l'amour par un tendre baiser. L'adulte doit aider l'enfant en traduisant le sens de son geste : « Tu veux dire à ton ami que tu l'aimes et que tu es content, mais quand tu parles avec tes dents, il n'aime pas ça. Tes dents lui font mal. Tu peux lui dire " Je t'aime " en lui faisant un bisou tout doux ou en lui faisant une petite caresse, une accolade. Montre-moi comme tu le fais bien. » L'adulte invite l'enfant à le lui faire et le félicite. L'enfant pratique l'approche douce avec l'adulte à quelques reprises et, par la suite, peut montrer son affection à son ami de façon plus tendre.

Les enfants de moins de 3 ans connaissent mal leur force. Il leur est difficile d'évaluer la nature du geste. S'agit-il d'une embrassade ou d'une morsure, d'un câlin brusque ou d'un coup, de frôler quelqu'un ou de le pousser? L'enfant qui mord ou qui pousse agit sous l'effet d'une pulsion et ignore la portée de ses actes. Il a donc besoin d'un adulte pour prendre conscience de l'effet de sa croquée et apprendre à exprimer sa colère d'une manière acceptable.

Dans ce processus de socialisation, une étape importante s'amorce vers l'âge de 2 ans, parallèlement à l'apparition du désir d'affirmation et d'autonomie. Les contacts sociaux génèrent du plaisir, mais aussi des contrariétés. Les sources de frustration sont multiples: conflits à propos de la possession d'un objet ou luttes de pouvoir pour obtenir un jouet, une première place ou l'attention de l'adulte. Les tentatives infructueuses de l'enfant pour s'opposer à la volonté de l'adulte génèrent aussi des tensions. Il peut alors exprimer son insatisfaction en poussant, en frappant ou en mordant.

Certains enfants introvertis et créateurs ont besoin de s'isoler, de jouer seuls. On doit donc leur offrir un lieu où ils n'auront pas à subir les sollicitations sociales. Ils doivent d'abord apprendre à reconnaître et à exprimer leur besoin de jouer seul. L'adulte doit observer les signes d'exaspération de l'enfant et les lui décrire. Certains enfants tournent le dos à un autre enfant qui s'approche d'eux. D'autres se cachent sous les tables ou dans un coin. D'autres encore s'agitent pour exprimer leur besoin de se retrouver seul. Ils poussent ou mordent l'intrus. Plus ils reconnaîtront ces signes, plus ils seront en mesure de nommer leur besoin et d'éviter de se faire punir pour avoir mordu ou bousculé un enfant.

La proximité physique peut également déclencher une attaque du crocodile. Guillaume, 3 ans, trace des routes dans le carré de sable. Bétonnière et charrue sont à l'œuvre. Toute la journée, à la garderie, il a dû partager ses jouets, attendre et tolérer les autres enfants qui envahissaient son territoire de jeu. Il peut enfin se soustraire à cet environnement social très exigeant et se consacrer à ses projets personnels. Il aperçoit sa petite sœur de 14 mois qui se dandine vers son chantier. Il crie «Non, va-t'en»! Elle continue, marche dans les sillons et s'assoit sur un camion. Guillaume crie, pousse et finit par mordre le bras de la petite.

Les morsures peuvent aussi exprimer les tensions que vit l'enfant. Les sources de stress sont multiples: la naissance d'une petite sœur ou d'un petit frère, l'intégration à la garderie, le déménagement, le départ du père ou de la mère pour un voyage d'affaires, l'hospitalisation d'un parent, le décès d'un proche ou des tensions conjugales. L'enfant de 4 ans peut réagir par des comportements régressifs, en revenant à un mode d'expression plus primitif: la morsure. Il faut désigner par des mots le malaise ou l'inquiétude de l'enfant. Il se sentira compris et soutenu dans cette période difficile et il entendra les mots à dire pour exprimer sa peine ou sa colère.

Lili Rose regarde tristement sa maman quitter la garderie. Son éducatrice se penche pour lui parler, elle la prend dans ses bras et la soulève. Lili Rose lui mord alors l'épaule! Tantôt, les dents croquent l'éducatrice et, parfois, c'est un enfant près d'elle qui subit la croquée. Lili Rose réagit à la rupture, qu'elle trouve cruelle. Elle ne veut pas l'éducatrice, elle ne veut pas jouer avec les autres, elle veut sa maman. Il faut aussi envisager la morsure sous l'angle de l'insécurité.

Comment réagir?

Les traces de morsures provoquent de vives émotions. Les parents du mordu sont mécontents, ceux du mordeur se sentent impuissants. Certains adultes réagissent en mordant en retour pour faire la démonstration de la douleur. L'enfant comprend alors que... l'adulte est plus fort que lui et que c'est défendu quand on est petit, mais permis quand on est grand et fort. De plus, il est souvent inutile de demander à l'enfant pourquoi il a mordu. Il ne le sait pas ou encore ne peut pas l'exprimer.

Mordre dans un citron ou un oignon est aussi une pratique à éviter. Manger est un plaisir de la vie ! Certains utilisent même la sucette toute la journée pour arrêter les morsures. La sucette sert alors de muselière, elle tait le besoin ou le sentiment du petit. Il ne s'agit pas ici de soulager des gencives endolories, mais bien de court-circuiter un comportement, sans chercher à le comprendre. Proposer au mordu de se défendre en mordant son agresseur est aussi une aberration. Il est fort probable que celui qui a été mordu ne désire pas utiliser ce moyen pour communiquer. Il ne faut donc pas l'encourager dans ce sens.

Pour en finir avec les dents trop longues, disons que l'adulte doit exprimer clairement et rapidement l'interdit. Cela est essentiel. « Ça fait très mal, je ne veux pas que tu mordes. Regarde ce que ça fait à mon bras et regarde-moi dans les yeux, je suis fâchée. Je n'accepte pas que tu fasses mal avec tes dents. » Le petit découvre que mordre maman nuit à la relation ou que mordre son frère est aussi une entreprise risquée.

Cependant, il ne suffit pas d'interdire fermement. L'enfant comprend que l'adulte désapprouve son geste, mais il ne sait pas comment canaliser cette énergie. L'adulte doit décoder ce qui a provoqué la frustration, la colère ou l'excitation, et aider l'enfant à exprimer ses sentiments. « Je comprends qu'en ce moment, c'est difficile, tu n'arrives pas à trouver les mots pour le dire... mais nous allons les trouver ensemble. » Ça peut ressembler à ceci : « À moi, je veux, fâché, donne, pousse ou, tout simplement, non ». Encouragez-le et félicitez-le lorsqu'il réussit à s'exprimer verbalement.

Vers l'âge de 3 ans, on peut demander au petit crocodile de réparer son geste, c'est-à-dire de soigner la blessure de la victime, si celle-ci y consent. Il est peu probable que le baiser de réconciliation soit accepté par le mordu, qui voit cette bouche dangereuse s'approcher de nouveau. Appliquer un petit linge humide quelques minutes suffira à faire comprendre au mordeur que tout acte a des conséquences. Le soin doit durer juste assez longtemps pour ennuyer le soigneur immobile et éviter que l'infirmier prenne goût à ce nouveau jeu. Un autre piège lié à l'exercice de la réparation consiste à louanger tant et tant le soigneur qui se montre doux et centré qu'il en vient à recourir à la morsure pour obtenir les câlins et les mots d'encouragement qui suivent le geste réparateur. Un bref retour est suffisant. Toute cette réparation est possible dans la mesure où le crocodile est disposé à écouter et peut maîtriser ses gestes parce qu'il a retrouvé son calme.

Bien que ces comportements soient normaux et temporaires, ils provoquent parfois des tensions entre les parents du mordeur et du mordu. Simone Scoatarin[1] a étudié le phénomène de la morsure et a constaté que «la terminologie employée, d'ordre criminel, «agresseur», «victime», «coupable», «dénoncer» évoque plus une cour de justice qu'un lieu de la petite enfance».

En effet, devant une morsure, les adultes sont désemparés, l'événement étant souvent présenté comme extraordinaire. Les parents du «mordeur» se sentent coupables et s'inquiètent de ce geste violent. Sans banaliser la douleur occasionnée par la morsure, il faut mettre la situation dans son contexte. Chaque enfant apprend les règles sociales. L'un mord, l'autre crie, pousse ou lance, mais tous finissent par apprendre à s'exprimer verbalement et à refréner leurs pulsions.

Note

1 S. Scoatarin. *C'est pour mieux te manger, mon enfant. De l'agressivité et des morsures, à la crèche et ailleurs.* Paris : Desclée de Brouwer, 2003, p. 17.

CHAPITRE 5

Il frappe, pousse, pince

Pourquoi frappe-t-il ?

Mathieu joue avec Jonathan, son ami, et tous deux font rouler leurs petites autos sur le tapis. Jonathan prend le camion de pompier et s'amuse à côté de Mathieu. Celui-ci veut le camion et l'agrippe. Jonathan crie : « Non, il est à moi ! ». Mathieu retient le camion et tire toujours. Il réussit à l'obtenir et Jonathan tente de le reprendre. Mathieu lui donne alors un coup pour le repousser.

Samuel regarde Julie, son éducatrice, et s'assure qu'elle le voit bien. Il pousse Étienne sans raison apparente. Julie accourt. Samuel l'attend en souriant. Il sait parfaitement que sa bêtise lui vaudra des réprimandes et un sermon à la maison. Attention garantie !

Olivier s'efforce de placer les morceaux de casse-tête dans l'encastrement. Il se bute à des difficultés, s'exaspère et balaie tout par terre d'un revers de la main.

Elizabeth, 4 ans, promène son bébé Loulou. Elle passe sur les cahiers de son grand frère déposés par terre avec sa poussette, enlève la suce du nouveau-né et pousse maman qui tente de la raisonner. Ces incidents se multiplient depuis le départ de son père pour un voyage d'affaires.

Dans ces quatre scènes, les enfants utilisent la force. Les garçons ont davantage recours à l'agression physique que les filles (65,6 % des garçons pour 33 % des filles[1]). Évidemment, c'est la frustration qui pousse l'enfant à agir de la sorte, mais de nombreuses situations peuvent motiver le petit à réagir physiquement. La fatigue, les tensions familiales, la violence familiale ou conjugale, l'insécurité, voilà autant de situations qui peuvent pousser l'enfant à s'exprimer violemment. Une des grandes sources de frustration de l'enfant, c'est la coupure relationnelle. Elizabeth s'ennuie de son père, elle se sent incomprise. Elle est en colère. Comment son papa a-t-il pu la laisser à la maison? C'est qu'il ne m'aime pas assez, moi sa « grande fille d'amour la plus belle au monde[2] », se dit-elle.

Les auteurs Barbara Kaiser et Judy Sklar Rasminsky[3] proposent d'analyser les comportements difficiles en tentant de déceler leur fonction. Il est important de bien comprendre les raisons qui poussent l'enfant à utiliser la force physique. C'est ainsi que nous pouvons l'aider à développer d'autres façons acceptables de répondre à son besoin ou d'exprimer ce qu'il ressent.

Si l'enfant tente d'avoir un jouet, de l'attention ou une place (par exemple, s'il veut être près de son parent ou le premier parmi d'autres enfants) en poussant et qu'il obtient gain de cause, il reprendra assurément cette stratégie. Prenons la scène mettant en vedette Mathieu et Jonathan. Si le geste de Mathieu passe inaperçu et reste sans conséquence, il frappera de nouveau pour avoir ce qu'il désire. Quant à Samuel, il utilisera ce stratagème tant et aussi longtemps que son besoin d'être remarqué et reconnu ne sera satisfait qu'à la suite d'une bêtise.

Bien que le besoin d'attention de Samuel soit légitime, il est essentiel d'accorder d'abord de l'attention à Étienne, immédiatement après le geste. En consolant l'enfant visé par le geste agressif, vous permettez aux deux enfants d'être rassurés, puisqu'ils découvrent ainsi que quoi qu'il arrive, vous êtes là pour les protéger.

Ensuite, vous devez exprimer clairement et brièvement votre désaccord: « Jamais, je ne te laisserai blesser quelqu'un. Regarde Étienne, il pleure, il est tombé. Il a mal. » Évitez les sermons qui prolongent la conversation et qui indiquent à l'enfant que ses gestes d'agression lui procurent votre attention.

Samuel doit apprendre qu'il existe des façons positives d'attirer votre regard: « Je pense que tu pousses parce que tu veux que je vienne te disputer, que je te parle. Ce n'est pas le bon moyen. Moi, je m'occupe de celui qui a mal avant tout. À partir de maintenant, je vais regarder ce que tu fais de bien et je vais te féliciter. »

L'attention doit être donnée lorsque l'enfant se comporte bien. Les gestes de tendresse, les rires partagés avec l'enfant et vos félicitations combleront son besoin de valorisation.

Devant les comportements suscités par le besoin d'attention, certains intervenants ignorent intentionnellement et systématiquement l'enfant. Cependant, par son geste l'enfant exprime un besoin auquel il faut répondre. Si vous ignorez les gestes répréhensibles, l'enfant arrêtera peut-être le comportement ignoré, mais il continuera à poser des actes dérangeants pour se sentir reconnu.

Donc, la clé du succès est l'attention sélective et, encore et toujours, la relation. Même si son geste ne mérite pas de l'attention positive, il doit sentir que vous l'aimez toujours.

La deuxième fonction des comportements agressifs consiste à produire un comportement pour éviter une tâche désagréable ou difficile, ou encore des contacts déplaisants. La situation d'Olivier avec son casse-tête illustre bien cette fonction. Olivier a besoin de développer un sentiment de réussite afin d'affronter les difficultés inhérentes à ce type d'activité. Benoît évite le rangement en lançant les jouets lorsque sa maman émet la consigne. Elle l'envoie alors réfléchir dans sa chambre afin de limiter les dégâts et Benoît s'en tire à bon compte.

Enfin, les auteurs[4] reconnaissent un troisième motif: le besoin de l'enfant de changer le niveau de stimulation de son environnement. Trop de bruits, trop de fatigue, trop de proximité ou le manque d'espace peuvent susciter des réactions chez le petit qui ressent une difficulté à s'adapter à toutes ces stimulations. Un enfant qui s'ennuie cherche à rendre son environnement plus stimulant en s'agitant, en perturbant l'activité. Fritz Redl[5] aborde aussi la question des réactions excessives de certains enfants inquiets devant la nouveauté. L'enfant éprouve de la difficulté à anticiper la satisfaction que la nouvelle situation lui apportera. Il ressent une tension qu'il tente de liquider en touchant, en lançant ou en s'agitant. Il faut donc favoriser le développement du sentiment de sécurité au quotidien et lors des sorties. Il faut aussi maintenir les consignes avec lesquelles l'enfant est familier. Il est bien de se montrer constant dans nos attentes, de faire appel à la mémoire des règles et de féliciter les enfants en les préparant à ce qu'ils rencontreront, en les aidant à anticiper (photographies, livres, histoires). Le recours à un objet rassurant (toutou, doudou) peut s'avérer efficace. L'enfant sent alors que vous reconnaissez son anxiété.

Le tableau 4 présente les principaux déclencheurs de comportements d'agressivité physique (pincer, pousser, donner des coups, lancer des objets) observés lors d'interactions entre enfants d'âge préscolaire et les besoins qui les sous-tendent. Vous trouverez d'ailleurs au chapitre 12 des suggestions d'activités et de stratégies éducatives susceptibles de stimuler au quotidien l'apprentissage de ces habiletés.

TABLEAU 4

Les déclencheurs observés dans des interactions entre enfants

Déclencheurs	Besoins
· Dispute pour l'obtention d'un objet (conflit de possession).	· Besoin d'apprendre à partager. · Besoin d'apprendre à demander pour obtenir quelque chose.
· Attente de son tour.	· Besoin d'apprendre à tolérer l'attente. · Besoin d'apprendre à comprendre la notion de délai.
· Confrontation au «non» de l'adulte.	· Besoin d'apprendre à tolérer les frustrations. · Besoin de limites. · Besoin de s'affirmer.
· Conflit de territorialité.	· Besoin d'apprendre à tolérer la proximité. · Besoin d'apprendre à affirmer son désir de s'isoler.
· Attention de l'adulte octroyée à un pair.	· Besoin d'apprendre à partager la présence de l'adulte. · Besoin d'apprendre à tolérer les délais.
· Difficulté à exécuter une tâche.	· Besoin de vivre des succès. · Besoin d'apprendre à accepter de faire des erreurs. · Besoin de développer un sentiment de réussite grâce à ses succès.

Les conflits de possession :
principale source d'altercations

La possessivité et l'égocentrisme étant deux caractéristiques de la petite enfance, les conflits de possession demeurent la source principale des coups et blessures entre enfants[6]. L'histoire de Mathieu et de Jonathan en est un exemple.

On estime que « 83 % des contacts observés chez les tout-petits gravitent autour des objets, l'utilisation de mêmes objets ou objets similaires représente un mode privilégié de communication chez les enfants de 2 ans[7] ». On ne s'étonne donc pas de voir le cadet de 2 ans agripper le jouet de son frère aîné, même s'il ne sait pas comment l'utiliser. Prendre un jouet de grand, c'est un peu devenir grand aussi.

Bien que vers 1 an déjà, les petits partagent leurs objets en les offrant ou en les déposant dans la main d'un autre[8], il leur est difficile de saisir le sens du partage. L'enfant comprend le mot « partage » comme s'il s'agissait d'un don, c'est-à-dire qu'il ne récupérera pas son jouet. Il doit apprendre la notion d'attente, c'est-à-dire l'alternance des tours d'action. « D'abord, c'est lui qui joue avec le camion et après, ce sera toi. » Il faut rassurer l'enfant en restant près de lui jusqu'à ce qu'il reprenne possession de l'objet. Les jeux de blocs, de docteur, d'échanges téléphoniques ou de poupées qui se déroulent à tour de rôle aident l'enfant à acquérir ce concept d'alternance des tours. Au début de cet apprentissage, il est nécessaire d'accompagner l'enfant.

Peu à peu, celui-ci tolère mieux l'attente et comprend que son tour viendra. D'ailleurs, les enfants de 3-4 ans se montrent plus prêteurs. Ils désirent maintenir des liens positifs avec leurs compagnons de jeu. À 2 ans, les jeux se font en parallèle et la notion de propriété se limite à la règle d'antériorité. « Si je l'avais dans mes mains avant toi, c'est qu'il m'appartient ! »

L'objet devient le prolongement de lui-même. Le «à moi» signifie donc «c'est moi». N'hésitez pas à profiter des moments de partage entre vous pour nommer ce qui se passe et l'aider à mieux cerner la notion de propriété. «Je veux bien te prêter mon crayon. Je sais que tu me le rendras et il sera encore mon crayon. C'est ton tour de dessiner, après je prendrai mon crayon pour écrire à mon tour.»

Établissez des règles claires. Règle numéro un : l'objet tenu par un ami ou sa sœur n'est pas accessible. S'il est déposé, on peut le prendre. Règle numéro deux : on doit demander pour obtenir un jouet.

Enseignez à votre enfant comment faire une demande. Accompagnez-le, faites la demande avec lui. Il vous observera et reproduira par la suite votre modèle. On fera ensuite pratiquer l'enfant plus vieux à l'aide d'un modèle concret. «Dis-lui : "Veux-tu me prêter ton jouet, s'il te plaît?"»

Félicitez l'enfant qui réussit à exprimer une demande. Montrez-vous compréhensif lorsqu'il essuie un refus. «Tu es déçu. Tu as fait une belle demande, mais ton ami n'est pas prêt maintenant à te céder son jouet.»

La pratique de l'alternance est plus difficile pour les petits, puisque l'attente suppose la compréhension du «avant/après». Il peut alors s'avérer efficace de détourner leur attention vers un autre jeu si les enfants s'impatientent.

Par contre, avec les petits de 2 ans, il est possible d'enseigner la méthode pacifique du troc pour régler un conflit de possession. Lorsque l'enfant désire le jouet d'un autre, mettez-lui dans la main un jouet susceptible d'intéresser l'enfant qui détient le jouet convoité. Invitez l'enfant à donner le jouet dans sa main à l'autre. Ensuite, vous pouvez présenter deux jouets à l'enfant et lui demander lequel plaira à l'autre enfant. Enfin, on demande à l'enfant de choisir un objet qui fera plaisir à l'autre pour pratiquer le troc.

Il n'est pas nécessaire de partager certains objets plus chargés d'amour ou de souvenirs. Ils sont réservés à l'usage exclusif de l'enfant (doudou, jouets favoris, cadeau, toutou). Le prêt de l'objet revêt alors une signification importante.

Agir avant de réagir

Le climat dans lequel l'enfant évolue influence son comportement. Il est possible de mettre en place des conditions préventives qui limiteront le recours à l'agression physique par l'enfant.

Samuel, 1½ an, et Patrick, 3 ans, vivent avec leurs parents au premier étage d'un appartement en ville. Ils n'ont pas accès à la cour extérieure et les parents doivent restreindre les courses et cris des enfants par respect pour les occupants du rez-de-chaussée. Ils éprouvent de plus en plus de difficultés avec leurs garçons. Cet après-midi, par exemple, ils ont dû intervenir plusieurs fois dans le salon. Samuel lançait les morceaux du jeu de son frère qui a fini par riposter en le frappant. La mère des garçons, exaspérée par les disputes fréquentes pour ce jouet, a fini par le confisquer. Les réactions des garçons se sont enchaînées, cris et piétinements de la part du petit et injures et coups de pied dans le mur de la part du plus grand.

En vieillissant, les enfants en viennent à partager les mêmes intérêts de jeu. Bien que l'on puisse continuer à appliquer des stratégies de troc ou d'alternance, il devient parfois pertinent d'avoir en double le jouet très populaire, particulièrement si les conflits se multiplient pour l'obtention de cet objet et que les enfants sont encore trop jeunes pour comprendre et pratiquer l'alternance. De plus, on peut se demander si Samuel et Patrick peuvent satisfaire leurs besoins moteurs. Samuel devrait avoir l'occasion de lancer, par exemple, des balles de papier chiffonné (tempête de neige dans l'appartement) ou une balle au parc. Quant à Patrick, il profiterait peut-être d'une initiation au soccer et de jouer à l'extérieur au tigre rugissant. Il ne s'agit pas d'ignorer les comportements dérangeants, mais de canaliser l'énergie débordante des enfants qui maîtrisent de plus en plus de mouvements. Quant à l'enfant unique, il faut l'aviser lorsqu'un autre enfant est invité à se joindre à ses jeux à la maison. Il pourra réserver son jouet préféré et décider de la zone de partage. Faites confiance à votre enfant! Avec la maturation et le développement de ses habiletés sociales, il deviendra prêteur.

Certains intervenants proposent d'inviter l'enfant qui frappe à venir donner des coups de poing dans un coussin. Il faut être conscient que cette méthode a certes l'avantage de permettre le défoulement moteur, mais n'engage pas l'enfant dans un processus d'apprentissage de méthodes pacifiques de résolution de conflits.

Il s'agit d'agressions déplacées et non de socialisation de l'agression. D'ailleurs, une étude[9] a démontré que les sujets à qui l'on avait expliqué qu'en tapant sur des objets, comme un ballon de boxe, on pouvait extérioriser efficacement sa colère, se sont montrés par la suite plus violents envers leurs rivaux. Cette méthode de défoulement n'est pas complète puisqu'elle n'apprend pas à l'enfant à exprimer ce qu'il ressent et à freiner ses élans agressifs.

Quant à la méthode qui consiste à confisquer le matériel, elle demeure une solution temporaire, mais entraîne plus souvent la tempête que l'accalmie. Le retour de l'objet doit être accompagné d'une négociation avec les plus vieux ou des règles claires permettant son usage conjoint ou partagé.

L'équipe du projet Centre d'Aide en Petite Enfance[10] propose de mettre en place la « règle de 3 » :

1. Donner la consigne une fois (ex: « Je te demande de te calmer et d'arrêter de crier. »).

2. Répéter la consigne une deuxième fois (ex : « Je te le demande pour la deuxième fois, tu arrêtes de crier ici avec moi. La prochaine fois que j'aurai à t'avertir, tu vas aller te calmer sur la chaise tout seul. »).

3. Être conséquent avec ce qui a été annoncé (ex : « C'est la troisième fois que je te demande d'arrêter de crier, alors tu vas t'asseoir. ») et, s'il se calme, le féliciter.

Il est essentiel que les enfants sachent qu'il est défendu d'utiliser la violence contre qui que ce soit. « Je ne peux te laisser frapper. Je sais que tu es en colère, mais je n'accepterai jamais que tu blesses les autres. »

Marian Marion[11] soulève l'importance d'encourager la pensée causale et la sensibilité à l'autre chez l'enfant. Il faut que l'enfant apprenne que la blessure, la peine ou la colère de l'autre est la conséquence de son geste. « Juliette, non, pas de coups ! Regarde, Judith se sauve et pleure. Son bras est rouge. » Il est inutile et peu éthique de demander à l'enfant « Toi, Juliette, est-ce que tu aimerais que je te frappe ? » ou « Est-ce que tu aimerais que Judith vienne te frapper ? » D'une part, cela suggère qu'il serait possible qu'on ait soi-même recours aux coups pour la raisonner ou qu'on invite l'autre enfant à le faire. Le message devient incohérent. D'autre part, les jeunes enfants éprouvent de la difficulté à imaginer ce que l'autre ressent ou ce qu'il pourrait ressentir. Ils vivent au moment présent et, pour eux, le conditionnel ne devient accessible que progressivement. C'est la répétition de ces messages (elle a de la peine, cela fait mal) qui permet à l'enfant de comprendre l'impact de ses gestes et d'être attentif à ce que l'autre ressent.

Un des grands agents de socialisation est la télévision[12]. Une étude anglo-saxonne s'est penchée sur la question durant vingt ans et a mis en relation la consommation télévisuelle et le parcours juridique de centaines d'individus. Le journal *La Presse*[13] citait le Dr Yves Lamontagne qui affirmait que plus de

1000 études démontrent l'existence d'un lien entre le visionnement d'images violentes à la télévision et les comportements agressifs chez les enfants.

Les chiffres témoignent de la consommation excessive de violence des jeunes téléspectateurs. L'Académie américaine de psychiatrie de l'enfant et de l'adolescent calcule qu'en moyenne les enfants visionnent 45 actes de violence par jour[14]. On estime que les enfants voient chaque année en moyenne 12 000 actes violents à la télévision[15]. La majorité des émissions pour enfants contiennent de la violence (93 %), soit 17,6 actes à l'heure[16].

Max, 3 ans, est en train de jouer avec un camion. Lorsqu'un de ses amis, Simon, veut s'emparer de son jouet, Max s'avance vers lui en proférant cette menace : « Va-t'en. Je vais prendre un couteau, je vais t'ouvrir le ventre, ça va faire un grand trou et ça va saigner. » Max regarde des films pour les grands. Cette violence ne touche pas les enfants de la même façon.

Certains perçoivent le monde comme un lieu menaçant et ils deviennent craintifs et méfiants. Si le monde est si dangereux, il vaut mieux s'aguerrir. Certains groupes d'individus sont victimisés à la télévision, hommes et femmes de couleur, jeunes et plus âgés, et surtout, les femmes[17]. Cela dépeint un monde dans lequel il est naturel d'être soit parmi les forts, soit parmi les faibles.

Certains deviennent insensibles à la souffrance des autres, car le fait d'en voir souvent banalise les gestes agressifs. De plus, on voit rarement les conséquences des actes violents. Dans les dessins animés, la violence se marie avec l'humour et se vit sans conséquences pour la victime. Les enfants confrontés à une vision erronée du monde en viennent à banaliser la violence. La violence n'est pas amusante, propre et aseptisée, ni sans douleur.

Enfin, certains enfants manifestent plus de comportements agressifs et, comme Max, répètent les scènes de violence qu'ils ont vues à la télévision. S'appuyant sur ce qu'ils ont perçu, ils considèrent la bagarre et les coups comme des moyens efficaces de régler les conflits ou d'obtenir ce qu'ils convoitent. Normalement, leurs parents condamnent ces gestes brutaux. Ces enfants se trouvent alors devant un dilemme : leurs parents refusent la violence, mais la télévision la permet et en fait même la promotion. C'est une incohérence qui peut expliquer que certains enfants et certains adolescents soient violents à l'extérieur de la famille et presque pas à la maison.

Si la violence à la télévision touche tous les enfants, ceux qui la regardent seuls, ceux qui s'y retrouvent plusieurs heures par jour et, plus particulièrement, ceux dont les parents n'exercent aucun contrôle sur le contenu télévisuel sont plus influencés par cette violence. Le risque d'être violents eux-mêmes augmente, en particulier chez les enfants qui subissent de la violence familiale ou qui souffrent de troubles affectifs.

Dumas relève aussi l'effet de stimulation telle que décrite par l'Association américaine de psychologie[18]. « Les images et les scènes violentes ont un effet de stimulation ; elles encouragent l'enfant à aimer ce qui est violent et à rechercher délibérément des programmes qui rassasient son appétit dans le domaine. »

Voici quelques conseils pour vous aider à utiliser la télévision de façon judicieuse[19] :

- Approuvez les bons choix de votre enfant. Lorsqu'il joue dehors, dessine ou fait des constructions avec des blocs, valorisez ses élans créatifs, ses initiatives. Vos encouragements l'inciteront à occuper son temps de façon constructive.

- Parlez avec votre enfant de ce que vous entendez par violence, de ce qui le touche ou lui fait peur, de ce qu'il aime, de ce qu'il a compris. Expliquez-lui en quoi le geste de tel ou tel personnage est bon, pourquoi vous préférez l'un ou l'autre héros.

- Planifiez des activités en famille. Les sorties au parc, les casse-tête, les visites à la bibliothèque ou chez des amis sont des occasions d'être actifs ensemble. Le fait de regarder une émission choisie en famille devient alors une activité parmi d'autres, ce qui en diminue l'importance.

- Regardez la télévision avec votre enfant. La télévision ne doit pas jouer le rôle de gardienne. Évitez de mettre un téléviseur dans la chambre des enfants et dans la salle à manger, car cela nuit à la communication entre les membres de la famille.

- Enregistrez les émissions que vous jugez éducatives pour créer une bibliothèque des meilleures émissions jeunesse. Cela vous rassurera, car vous savez que leur contenu est exempt de violence ou de langage grossier tout en rassasiant votre tout-petit qui raffole des répétitions.

- Nommez les peurs, les émotions et les centres d'intérêt de votre enfant pendant qu'il regarde une émission: «Tu as l'air content que Caillou ait retrouvé son chemin. C'était un peu effrayant de le voir tourner en rond en cherchant sa maison, non?»

- Distinguez la réalité de la fiction. Vous pouvez dire à votre enfant: «C'est un fantôme. C'est pour faire semblant. Est-ce que ça existe vraiment ou est-ce pour rire?» Comme le petit d'âge préscolaire baigne dans l'imaginaire, le monde magique du petit écran peut parfois le hanter. Aidez-le aussi à faire la distinction entre les scènes qui font partie de l'émission et les messages publicitaires.

- Régissez les heures d'écoute en limitant la période d'écoute à une heure et demie par jour. Exercez un contrôle sur les émissions que regarde votre enfant. Selon le cas, interdisez les émissions qui s'adressent aux adultes et expliquez-lui pourquoi il peut en voir certaines: «Aujourd'hui, c'est spécial. Nous allons regarder la télé à 8 heures du soir parce que c'est un spectacle pour enfants.»

- Encouragez votre enfant à participer. Invitez-le à chanter, à taper des mains, à danser au son de la musique ou à repérer quelque chose : un animal, un enfant, un bon aliment, quelqu'un qui fait quelque chose d'interdit ou quelqu'un qui fait plaisir… Discutez avec lui de ce qu'a fait tel ou tel personnage violent et trouvez ensemble des solutions de rechange pacifiques.

D'ailleurs, Liliane Lurcat[20] révèle que les enfants préfèrent dans 60 % des cas avoir de la compagnie pour regarder la télévision. Ce pourcentage aurait tendance à s'élever lorsqu'il s'agit d'enfants d'âge préscolaire.

Réagir aux comportements d'agressivité physique

Certes, la mise en place de ces stratégies ne pourra pas éliminer toutes les altercations. Alors, quelles sont les attitudes éducatives efficaces pour contrer les gestes d'agressivité physique ? La première consiste évidemment à arrêter le comportement violent en s'interposant entre les belligérants et en accordant notre attention d'abord à la victime. Il faut alors exprimer l'interdit clairement, brièvement et fermement. « Tu t'arrêtes maintenant ou je devrai t'arrêter. » Si l'enfant persiste à frapper, on le serre dans nos bras. Cette étreinte ferme et chaleureuse permet d'arrêter le geste violent tout en rassurant l'enfant. L'adulte doit être calme et utiliser cet arrêt d'agir seulement lorsque la sécurité est menacée.

L'adulte accueille la peine de la victime, il la nomme. Si l'enfant est capable de s'exprimer, il est invité et accompagné pour dire à l'agresseur ce qu'il ressent. En cas de refus, on n'insiste pas, la victime doit se sentir comprise et protégée. Afin de donner d'autres moyens d'agir à l'agresseur, on discute avec la victime de ce qui aurait pu lui faire plaisir. « Tu aurais aimé qu'il te demande le jouet ou qu'il attende que tu termines ou qu'il te dise… » Si les coups se donnent à répétition, on nomme la difficulté actuelle de l'agresseur. On lui propose de jouer seul et on lui offre l'occasion de retourner au jeu de groupe lorsqu'il sera prêt. En effet, lorsque le comportement devient inacceptable, on demande à l'enfant de se retirer. Le retrait permet à l'enfant de se couper de sa frustration, favorise le sens des responsabilités puisqu'il vit une conséquence de son geste et lui permet, ainsi qu'à l'adulte, de se calmer [21]. Si le parent demeure calme et qu'il évite le piège de la confrontation, le retrait offre aussi un moyen pacifique pour résoudre des conflits. Par contre, ce moyen doit se jumeler avec l'attention positive. En effet, une utilisation abusive du retrait enlève à l'enfant l'occasion de pratiquer les habiletés pour résoudre pacifiquement les conflits. Un enfant trop souvent contraint à s'exclure de la famille à la suite de méfaits finit par développer une image négative de lui-même.

Le bon usage du retrait suppose de cibler un ou deux comportements susceptibles de mériter cette brève exclusion. On cible ces comportements durant près d'un mois. La persévérance est essentielle, même si les premières fois provoquent souvent une recrudescence et une multiplication des comportements dérangeants. L'enfant teste. On lui demande de se retirer dans un endroit peu intéressant, une chaise, une marche d'escalier, une pièce loin des activités familiales ou de la télévision. Il doit prendre cette pause quelques minutes (trois minutes pour un enfant de 3 ans et quatre minutes pour un de 4 ans). Carolyn Webster-Stratton[22] recommande qu'il y ait deux minutes de calme avant le retrait, en stipulant qu'un retrait de plus de cinq minutes ne devient pas plus efficace.

Les premières fois que l'enfant vit le retrait, il est possible que la période se prolonge avant d'obtenir les deux minutes de calme. Cette période raccourcit au fur et à mesure que l'enfant comprend que son parent respecte sa parole lorsqu'il annonce que « si tu fais… tu devras te retirer. » Cet isolement devient tellement salutaire que certains enfants décident d'eux-mêmes de se retirer pour retrouver la paix intérieure. D'ailleurs, il est beaucoup plus pertinent et efficace d'utiliser le retrait préventif que le retrait en réaction aux comportements dérangeants[23]. L'enfant découvre en lui le besoin de prendre du recul afin de poursuivre ses activités. Il finit par voir le retrait comme un moyen pour l'aider à s'arrêter. Il n'est pas nécessaire qu'il vive cette période en crise, comme une punition. Le message à exprimer est : « Je suis près de toi. Personne ne va t'ennuyer. Maintenant je sais que tu seras capable d'arrêter... » On peut aider l'enfant à se situer dans le temps avec une horloge. On évite aussi d'échanger avec l'enfant durant la période de retrait. Tant qu'il ne s'est pas calmé, il ne peut pas faire le retour sur la situation. Et après la crise, l'enfant doit profiter d'une occasion pour vivre du succès et être rassuré quant à l'amour. « Viens maintenant me montrer que tu es capable de jouer gentiment avec ton frère. »

La question « Pourquoi as-tu fait ça ? » engage rarement l'enfant dans un processus réflexif constructif. Il répondra : « Parce que je voulais le jouet, parce qu'il ne voulait pas... » Il est préférable de demander ce qui s'est passé et de terminer par une parole confirmant notre confiance en lui. D'ailleurs, il est illusoire d'exercer le retrait en pensant que l'enfant réfléchira. Il réfléchit au fait qu'il n'aime pas être assis ou aux mots magiques qui pourraient l'extraire de cette fâcheuse position. Alors, il crie « Excuse, excuse, est-ce que je peux me lever ? » Les enfants ont besoin d'être guidés et accompagnés dans cette réflexion. « Qu'est-ce que tu aurais pu faire ? » ou « Qu'est-ce que tu voulais lui dire ? » sont des questions qui l'aideront à évaluer d'autres options et à choisir d'autres solutions. Certains enfants nous étonnent, ils ne souffrent pas du retrait, ne s'ennuient pas. Ils profitent de ce moment d'arrêt pour rêver, se reposer. Il y a aussi les récalcitrants qui refusent d'aller sur la chaise. Avec les petits de moins de 6 ans, on recommande alors de prendre l'enfant gentiment et de le reconduire au lieu désigné pour la pause. Il y a ceux qui démolissent de colère ce qui se trouve à proximité. Le parent déplace en silence les objets durant la crise, referme la porte et s'assure de la sécurité de l'enfant. Celui-ci devra ranger le désordre lorsqu'il aura retrouvé son calme. À ce moment et au quotidien, on pourra enseigner de nouvelles stratégies à l'enfant.

Thomas joue avec des dinosaures. Il met en scène un bébé dinosaure qui tape du pied, grogne férocement, mange les autres animaux. Il fait tomber le tyrannosaure de Sam, grogne et fait semblant de dévorer la figurine de Margot. « C'est un méchant bébé dino. Sa maman est fatiguée, dit-il en montrant une figurine par terre. Il est méchant, méchant, pas jamais gentil. » Il prend sa figurine, la tape et va la cacher, la lancer dans le trou du volcan. « Maintenant, il va être mouru. »

Certains parents craignent parfois le recours à l'arrêt du geste ou au retrait. Ils ont l'impression de contraindre l'enfant et d'entrer eux-mêmes dans le cycle de la violence. Pourtant, le fait de se sentir agressif n'est pas plus agréable pour les enfants que pour les adultes. Certes, notre sens moral et la culpabilité ajoutent au malaise, mais les petits vivent des émotions intenses et contradictoires qui les tourmentent. Ils naviguent entre la colère et l'amour pour leurs parents, entre la culpabilité naissante et les désirs pressants, ils sont submergés, en quête d'un capitaine qui saura les guider vers des eaux plus calmes.

Notes

1 Étude réalisée par D.F. HAY, J. CASTLE et L. DAVIES, citée dans *Bulletin du Centre d'excellence pour le développement des jeunes enfants*, avril 2003, vol 2, no. 1, p. 5.

2 Voir le texte « Mon papa n'est jamais là », paru dans *Le grand monde des petits de 0 à 5 ans* de Sylvie Bourcier aux Éditions du CHU Sainte-Justine en 2006, pour plus d'informations quant au soutien à apporter à l'enfant esseulé.

3 B. KAISER et J.-S. RAMINSKY. *Relever le défi - Stratégies efficaces auprès des enfants présentant des problèmes de comportement dans les milieux de la petite enfance.* Ottawa : Fédération canadienne des services de garde à l'enfance, 1999.

4 B. KAISER et J.-S. RAMINSKY. *Op cit.*

5 F. REDL et D. WINEMAN. *L'enfant agressif - Tome 2 : Méthodes de rééducation.* Paris : Fleurus, 1973.

6 S. LANDY. *Pathways to Competence : Encouraging Healthy Social and Emotional Development in Young Children.* Baltimore : Paul H. Brookes, 2002, p. 538.

7 T. BLICHARSKI et F. F. STRAYER. « Les relations interpersonnelles chez les jeunes enfants ». Dans *Adaptation psychosociale du jeune enfant,* sous la direction de F. F. Strayer, Bordeaux : Université Victor Segalen. novembre 2002, p. 38.

8 BRONWELL et BROWN, 1992 ; Hay et al., 1981 cités dans S. Landy, S. *Pathways to Competence : Encouraging Healthy Social and Emotional Development in Young Children.* Baltimore : Paul H. Brookes, 2002, p. 525.

9 B.J. BUSHMAN. « Catharsis, agression and persuasive influence : self-fulfilling or self defeating propheties ». *Journal of Personality and Social Psychology* 1999 76 (3) : 367-376.

10 Projet d'aide en petite enfance, tiré des plans de soutien au développement. Karine Busilacchi, Sophie Martel, Isabelle Lemieux, Marie-Christine Harguindéguy-Lincourt et Marc-André Verreault, consultantes – texte à paraître. *Banque de moyens d'intervention en lien avec divers besoins développementaux d'enfants d'âge préscolaire.*

11 M. MARION. *Guidance of Young Children.* New York : Prentice Hall, 1995.

12 « Television viewing and aggressive behavior during adolescence and adulthood ». *Science* 2002 295 (5564) cité dans *Psychologie* janvier 2007, p. 54.

13 *La Presse* du 24 avril 2003.

14 *American Academy of Child and Adolescent Psychiatry. Children and Firearms.* AACAP, 1997. Article sur le web : www.aacap.org/publications/factffam/firearms.htm

15 R. BLIND et M. POOL. *Les dangers de l'écran : Enfants, famille, société et violence.* Saint-Julien en Genevois : Éditions Jourence, 2002.

16 GERBNER et al. 1979, 1980, 1986 cité dans M. Marion, *Guidance of Young Children. Op cit.,* p. 191.

17 GERBNER et al (1979) cité dans M. Marion, *Guidance of Young Children, Op cit.*, p. 191.

18 J. DUMAS. *L'enfant violent: le connaître, l'aider, l'aimer.* Paris: Bayard Éditions, 2000, p. 121.

19 Tiré de *Comprendre et guider le jeune enfant, à la maison, à la garderie* du même auteur aux Éditions du CHU Sainte-Justine, 2000, p. 141-143.

20 L. LURCAT. *L'enfant fasciné, violences à la télé.* Paris: Syros, 1989.

21 C. WEBSTER-STRATTON. *Incredible Years: A Trouble Shooting Guide for Parents of Children Aged 3-8.* Toronto: Umbrella Press Publ., 2001, p. 73-74.

22 C. WEBSTER-STRATTON, *Op cit.*, p. 80.

23 B. KAISER et J.-S. RASMENSKY, *Op cit.*

CHAPITRE 6

L'enfant en colère : les crises

La colère : une poussée incontrôlée

Émile, 2 ½ ans, se crispe, serre les poings, crie, sa respiration s'accélère. D'écarlate, il passe à une pâleur inquiétante. Il semble manquer d'oxygène, son inspiration devient forcée, difficile. Sa maman le regarde avec angoisse, il semble s'asphyxier de colère. Tout cela pour un cornet de crème glacée écrasé sur le sol ! Le médecin l'a pourtant rassurée, il ne s'agit pas de trouble neurologique, mais des spasmes du sanglot. Ceux-ci ne laissent aucune séquelle au petit, bien qu'elles impressionnent les grands. Cette expression extrême de la colère peut se manifester jusqu'à l'âge de 3 ans et parfois même jusqu'à 5 ou 6 ans[1].

Les réactions à la colère ne prennent pas toujours la forme des spasmes du sanglot, mais certaines atteignent de telles proportions qu'elles mettent tout le monde sur les dents et nuisent au climat familial. Tim Murphy[2] souligne que « la colère est une émotion puissante et intense. Elle prend possession de l'enfant en colère, tout autant que ses victimes. »

Judith en veut à sa fille de 4 ans, Léonie, parce qu'elle s'épuise à tenter de court-circuiter le déchaînement de ses colères. Il y a un an, Judith s'amusait des petits caprices occasionnels de sa fille, mais les explosions se sont multipliées à la moindre contrariété. Léonie se montre difficile à satisfaire, d'humeur maussade. Elle hurle, insulte les autres en dénonçant les règles qu'elle estime « injustes ». Judith craint tellement la résurgence d'une crise de rage de sa fille qu'elle évite de sortir avec elle. Les colères noires de Léonie ont des répercussions sur toute la famille et l'isolent peu à peu des enfants de la garderie à qui elle profère des menaces qu'elle met parfois à exécution. D'où vient cette colère et comment l'endiguer ?

Il n'y a rien de négatif ni de démoniaque dans la colère. C'est une émotion légitime qu'il ne faut pas confondre avec la violence ou la méchanceté. C'est l'expression violente de la colère qui est injustifiable : les hurlements, les insultes, les menaces à l'endroit des autres enfants, les gestes agressifs…

La colère est une émotion secondaire. Avant la colère, il y a parfois la fatigue, la faim, la tristesse, l'impuissance, le rejet, l'exaspération, la déception, l'humiliation, la frustration ou le sentiment que l'on n'est pas aimé. Elle est déclenchée par une émotion négative primaire avec laquelle l'enfant est peu en contact. L'intensité de cette émotion et la rapidité avec laquelle elle monte en lui font que l'enfant est parfois terrorisé par sa propre colère et peu conscient de ce qui l'a provoquée. Plus il est terrorisé, moins il se sent en contrôle de la situation frustrante et plus ses réactions sont démesurées. En effet, l'enfant a souvent le sentiment de ne pouvoir exercer aucun contrôle sur la situation et cela explique en partie les réactions différenciées que l'on observe entre ses façons d'exprimer sa colère à l'adulte et celles qu'il utilise avec d'autres enfants. Les enfants réagissent avec les adultes en déchargeant leur colère par des cris, en se lançant par terre alors qu'ils seront souvent plus agressifs physiquement envers des enfants qui les auront mis en colère parce qu'ils sentent qu'ainsi ils peuvent davantage maîtriser la situation[3]. Il est donc pertinent de développer chez l'enfant ce sentiment de maîtrise interne en lui proposant des stratégies de gestion de la colère. Deux autres facteurs sont à considérer lorsqu'on traite de la colère: le sexe et l'âge de l'enfant.

Nous pouvons nous attendre à ce que les enfants plus jeunes éclatent de colère plus souvent que les plus vieux, qui ont appris au fil des années à se donner des stratégies pour dominer leur colère et à utiliser un vocabulaire plus étendu. Le tableau 5 illustre bien cette diminution des colères explosives au fil du temps.

TABLEAU 5

Pourcentage relatif de la colère explosive par rapport à la colère orientée en fonction de l'âge (d'après Goodenough, 1931)

	Âges				
	< 1 an	1 à 2 ans	2 à 3 ans	3 à 4 ans	4 à 8 ans
Colères explosives	88,9 %	78,4 %	75,1 %	59,9 %	36,3 %

En outre, les filles cherchent souvent à défendre leur point de vue (« C'était à moi. Arrête de me pousser! »), alors que les garçons ont davantage recours à des méthodes agressives ou explosives[4]. Les attitudes des parents peuvent en partie expliquer ce phénomène. Une étude[5] a démontré que les mères réagissaient différemment envers leur fille et leur fils, et ce, dès l'âge de 3 à 6 mois.

Les mères désapprouvent les manifestations de colère de leur fille alors qu'elles réagissent avec sympathie à celles de leurs fils. Qu'il s'agisse de garçons ou de filles, leur développement ou leur maturation leur permettra peu à peu de comprendre et d'interpréter les émotions et de les dominer, particulièrement l'émotion de la colère.

D'ailleurs, il ne faut pas confondre la colère qui est immédiate et la haine qui plonge ses racines dans le passé. D. Drory[6] explique : « La haine n'est pas le fâché de la colère, c'est quelque chose d'innommable. Cela ressemble à une force qui ne nous appartient pas et qui sommeille en nous. »

La haine a donc ses origines dans le passé et s'exprime en différé. Elle relève davantage de l'hostilité et de la vengeance. Les colères exprimées à l'un parlent des blessures faites par l'autre. La colère s'exprime en réactions immédiates dirigées vers la source de la frustration. C'est une agressivité directe où il est facile d'identifier la source.

Quand déception rime avec explosion : une variété de déclencheurs

Tim Murphy[7] identifie quatre types de familles qui prédisposent l'enfant à cette colère si profonde que Diane Drory appelle haine[8]. La colère exprime alors la douleur dans ces quatre types de familles.

Dans les « familles perturbées[9] » (toxicomanie, maladie mentale, discorde), l'enfant négligé, incapable de mettre des mots sur sa souffrance, crie son impuissance, sa détresse. Ses cris de colère parlent de son besoin d'amour et de soins. Par ailleurs, dans notre société axée sur la performance, les crises de colère des enfants peuvent témoigner du stress des familles qui vivent au rythme des horaires surchargés. Murphy parle alors de la « famille frénétique[10] » où les enfants sont en mal de présence. Il y a aussi les « familles en colère[11] », c'est-à-dire celles qui démontrent de l'irascibilité, des sautes d'humeur et où « la colère est la voix du pouvoir[12] ». Enfin, il y a ce qu'il appelle les « familles indulgentes[13] ». Elles confondent la légitimité de l'expression de l'émotion et le défoulement sans mesure. Elles laissent leur enfant entrer dans une colère noire en pensant que cela lui permettra de se défouler et de se détendre. Or, l'enfant comprend qu'il peut s'extérioriser en criant ou en lançant des objets, et il va donc réutiliser cette stratégie. On a souvent pensé que crier ou jurer, faire sortir le trop-plein était un bon moyen de réduire les comportements agressifs, de « laisser la vapeur s'échapper de la bouilloire ». On sait maintenant que cela ne fait qu'accroître la colère chez les personnes impliquées dans le conflit. Elle les entraîne dans une relation de type perdant-gagnant : c'est le plus colérique qui gagne ou on tombe dans le jeu dangereux de la revanche.

Les crises de colère peuvent aussi avoir des causes médicales ou biologiques. Ainsi, les enfants souffrant de problèmes neurologiques ont parfois de la difficulté à se contrôler et les enfants diabétiques voient leur humeur changer selon les fluctuations du taux de sucre dans leur sang.

Comme nous l'avons déjà spécifié dans les chapitres précédents, la source la plus fréquente de frustration et de colère chez l'enfant est le conflit de possession. Nous retrouvons aussi, aux origines de la colère, les attaques verbales ou physiques, le rejet social et les limites inhérentes à la discipline[14].

De la colère explosive à la colère exprimée

La conceptualisation des émotions se fait graduellement. Déjà à l'âge de 1 an, le bébé ressent la colère de son entourage. Vers 18 mois[15], les crises de colère augmentent. Parfois, l'enfant en est distrait par un objet rassurant, comme son doudou, son pouce ou un jouet. À cet âge, l'enfant observe l'autre pour tenter de décoder les indices de colère. Il a parfois de la difficulté à reconnaître ces indices et, par conséquent, à adapter son comportement.

Marcelle, éducatrice des trottineurs, réprimande Kevin : « Regarde-moi dans les yeux, est-ce que tu penses que je suis contente de ce que tu as fait ? » Kevin, attentif, répond sincèrement : « Oui ». Il ne parvient pas à saisir le message de son éducatrice. À la maison, papa en colère lève le ton, pointe le doigt et maman met ses mains sur ses hanches et dit « Kevin ! » Pour aider l'enfant à décoder sa réaction, l'adulte doit nommer l'émotion et décrire les signes (les sourcils froncés, l'absence de sourire, le doigt pointé, les avertissements précédents).

À 2 ans, les enfants commencent à s'intéresser aux émotions[16]. Ils en parlent et reconnaissent de plus en plus que certains gestes provoquent la colère. En effet, entre 24 et 36 mois, ils se montrent capables d'identifier les émotions de joie et celles qui ont une connotation négative[17,18]. Les études démontrent que « lorsqu'il s'agit de reconnaître les émotions ressenties par des personnages, la joie et la tristesse sont cernées plus facilement que la peur et la colère, chez les enfants âgés de 3 à 5 ans[19] ». Cependant, une recherche de Ricard a permis de découvrir que chez les enfants du Québec, « les conséquences de la colère sont donc saisies plus facilement par les enfants[20] ». Ce résultat nous encourage à aider les enfants à faire les liens entre l'émotion et les situations qui y sont reliées. Vers l'âge de 4 ans, ils sont capables d'expliquer les causes de leur joie, de leur peine et de leur colère[21]. Entre 2 ans et 4 ½ ans, leur habileté à exprimer verbalement leurs émotions progresse parallèlement au langage. C'est pourquoi les grandes colères sont moins fréquentes. Les étapes de ces apprentissages sont résumées au tableau 6.

Lorsque l'enfant sait reconnaître sa colère, nommer la situation frustrante et anticiper les conséquences, il développe des stratégies[22], avec l'aide de l'adulte, pour faire face à cette montée de colère.

Tableau 6
L'apprentissage des émotions

Étapes[23]	Apprentissage
1	Reconnaître les manifestations d'une émotion (voix, visage).
2	Déterminer l'émotion et la nommer (content, triste, fâché).
3	Reconnaître les situations ayant provoqué l'émotion (pris son jouet, refus, m'a poussé).
4	Faire des inférences quant à ce qui cause l'émotion et les conséquences possibles.

Deux garçonnets de 4 ans s'amusent sur la plateforme d'un module de jeux. Philippe perd pied et agrippe le chandail de son frère pour se retenir. Stéphane crie : « Laisse mon chandail ! » Philippe maintient sa prise pour se relever. Stéphane sent la colère monter et hurle : « Aïe ! lâche-moi ! » Philippe se relève et se retrouve nez à nez avec Stéphane qui fulmine toujours et invective son frère : « Niaiseux, c'est mon chandail de soccer. » Papa, témoin de la tempête, suggère à Stéphane de respirer profondément. Celui-ci s'exécute, sachant bien que son père n'accepte pas les crises et les coups. Stéphane a interprété le geste de son frère comme une attaque. Pour lui, si ça tire, si ça pousse ou si ça fait mal, c'est nécessairement un geste qui exprime la colère.

Même s'il peut avoir recours à certaines stratégies pour tempérer sa colère et réduire les gestes violents, l'enfant a toutefois besoin de l'adulte pour les produire ou y penser lorsqu'il vit des émotions très intenses. Il a tendance à interpréter les situations sans nuance dans une perspective du tout noir ou tout blanc. Dès lors, on comprend qu'il éprouve encore des difficultés à modérer sa colère.

Agir avant de réagir : un apprentissage essentiel

Plusieurs recherches[24] ont démontré que les enfants qui n'apprennent pas à dominer leur colère risquent plus de s'engager dans des interactions négatives avec leurs compagnons et de répondre aux conflits par la vengeance, la fuite ou la décharge explosive. On associe le rejet et les relations conflictuelles à une difficulté à se dominer et une humeur colérique et changeante[25]. Les parents ont un grand rôle à jouer pour aider l'enfant à apprivoiser ainsi ses émotions.

Comme l'enfant apprend par imitation, offrez-vous comme modèle ! Donnez-vous la permission de ressentir la colère quand vous êtes habitée par elle. Reconnaissez votre propre colère. Vous envoyez alors aux enfants un message leur disant qu'il est normal de ressentir de la colère et que vous n'avez pas honte de cela. Évitez de blâmer les autres, nous visons l'expression responsable de la colère. Il est essentiel d'exprimer aussi la joie ou la tristesse, quand le contexte s'y prête. En observant les différents signes de ces émotions, l'enfant pourra associer le sourire et la joie, les larmes et la peine.

Montrez à votre enfant ce que vous faites lorsque vous êtes frustré. Faites-lui part d'une situation qui vous a contrarié, parlez-lui des moyens que vous avez trouvés pour vous dominer. « J'étais en colère. Je reculais pour garer ma voiture et un monsieur s'est précipité pour prendre ma place. J'ai pris trois grandes respirations, j'ai réfléchi et j'ai décidé de partir à la recherche d'une autre place. » Respirez et essayez d'exprimer calmement ce que vous ressentez. Au besoin, retirez-vous dans un lieu que votre enfant connaît bien pour vous calmer.

Aidez votre enfant à développer son vocabulaire en variant les termes décrivant l'état émotionnel ou le niveau de colère. Faites une liste de mots permettant de décrire les degrés de votre colère : vous êtes… fâché, irrité, ennuyé, dérangé, contrarié, mécontent, « pas content ». Encouragez-le lorsqu'il nomme ce qu'il ressent. L'attention positive de votre part représente le plus grand incitatif pour lui.

Vous pouvez également lire à votre enfant des contes qui abordent la colère et en discuter avec lui. Faites-lui remarquer la couleur du visage, les poings fermés ou toute autre réaction du personnage du conte, les mots qu'il utilise pour décrire sa colère. Posez-lui des questions concernant les situations qui ont déclenché la colère du personnage et sur la façon dont il a affronté son sentiment et sur les conséquences de ses gestes.

Faites-lui remarquer comment son corps réagit à la colère en décrivant les réactions et en les associant à l'émotion : « Toi, quand tu es fâché, tu parles fort » ou « Ton visage est rouge, tu es en colère. »

Vous pouvez aussi aider votre enfant à affronter sa colère en le préparant à l'éventualité d'une déception. Par exemple : « Nous allons téléphoner à ton ami Antoine pour l'inviter à aller glisser au parc avec nous. Il est possible qu'il ne puisse pas venir et peut-être seras-tu déçu. Qu'est-ce que tu feras alors ? » S'il est effectivement déçu et qu'il reste calme, félicitez-le.

Enseignez-lui des stratégies pouvant l'aider à retenir ses explosions de colère. On propose à l'enfant des façons de faire sous forme de jeux et on les pratique lorsqu'il est disponible. Encore ici, les enfants ont tout intérêt à prendre les adultes pour modèles. Le parent doit utiliser l'une ou l'autre de ces stratégies devant l'enfant lorsque la situation s'y prête.

La technique de la « tortue » a d'abord été mise au point pour apprendre aux adultes à affronter leur colère, puis a été adaptée aux enfants[26]. Cette technique est pertinente lorsque l'enfant entre fréquemment dans des colères explosives. On invite alors les enfants à réagir autrement à la pulsion agressive en imitant la tortue bagarreuse qui a appris qu'en allant dans sa carapace à l'intérieur d'elle pour respirer, elle pouvait retrouver son calme et éviter les réprimandes et le rejet de ses amies tortues.

Voici la méthode de la tortue :

J'imagine que je suis une tortue qui se retire dans sa carapace. Je place mes bras le long de mon corps, je baisse la tête et je ferme les yeux.

Situation

L'enfant est invité à faire la tortue lorsqu'il se retrouve dans l'une ou l'autre des quatre situations suivantes :

- l'enfant ressent de la colère envers un compagnon et pense qu'il pourrait y avoir une altercation agressive ;
- l'enfant ressent de la colère envers lui-même et anticipe une crise ;
- l'adulte invite l'enfant à faire la tortue en disant «tortue» ;
- un enfant dit «tortue» à un autre enfant qui s'engage dans une altercation agressive avec lui.

Étapes de la technique de la tortue

1. Reconnaître que je suis fâché.

2. Penser «stop».

3. Aller me retirer dans ma carapace.

4. Prendre de grandes respirations. Je me détends afin d'affronter les frustrations (méthode Jacobson, contraction et relaxation des muscles). Je deviens mou. D'ailleurs, il est amusant de pratiquer cette décontraction en imitant la poupée de chiffon qui s'effondre ou le jeu du spaghetti tout droit qui devient mou en cuisant (spaghetti cru, spaghetti mou) ou toute autre image (crème glacée qui fond).

5. Penser au calme et réfléchir : «C'était un accident…» ou «Je suis capable de trouver une solution.»

6. Sortir de la carapace quand je me sens calme.

7. Penser à des solutions.

8. Choisir une solution.

9. Évaluer le résultat et m'en féliciter.

On peut appliquer cette méthode avec des enfants de 3 ½ ans - 4 ans. Pour les petits, la première étape consiste à apprendre à respirer. En accompagnant la respiration de mouvements et du son de l'air qui circule, l'enfant en vient à comprendre qu'il s'agit d'inspirations et d'expirations. Par exemple, souffler sur une plume, expirer dehors en hiver, faire des bulles de savon ou battre des bras comme un papillon en expirant bruyamment ou encore gonfler le ballon du petit ventre, voilà autant de moyens simples pour comprendre le principe du souffle qui apaise.

Voici d'autres pistes, certaines tirées du programme *Taming the Dragon*[27]. Lorsque je suis fâché :

- je peux le dire à quelqu'un ;
- je peux marcher ;
- je peux m'asseoir seul ;
- je peux penser à des choses agréables ;
- je peux demander un câlin ;
- je peux aller chercher mon doudou ;
- je peux dessiner ;
- je peux chiffonner un papier et le lancer.

Mais n'oublions pas que la réponse la plus appropriée est de dire ce qu'il ressent et que, quel que soit le moyen choisi, celui-ci doit s'accompagner de l'expression verbale de la colère.

Réagir : affronter la crise

L'enfant pique une colère, comment réagir ?

- Restez calme et agissez vite. N'attendez pas d'être à bout, d'entrer vous-même dans une colère noire et de perdre votre sang-froid. Parlez d'une voix calme, directe.

- Acceptez, reconnaissez l'émotion et nommez-la à votre enfant. « C'est difficile de... Tu es fâché parce que... Tu as le droit d'être fâché, mais je ne peux accepter que tu... »

- Évitez de banaliser (ce n'est rien...) ou de disqualifier (tu te fâches pour rien) la colère ou toute autre émotion. C'est par la reconnaissance et l'acceptation de nos émotions et celles des autres qu'on en vient à démontrer de l'empathie.

- Cherchez l'origine du problème, écoutez. Il est possible qu'une diversion, un choix ou encore la réponse au besoin désamorce la colère naissante.

- Si la colère explose, veuillez à ce que personne ne se blesse. Séparez les protagonistes lors des conflits.

- Maintenez vos limites, ne cédez pas.

- Si votre enfant boude ou tape du pied, laissez-le faire, mais s'il hurle ou donne des coups de pied, demandez-lui de se retirer dans un endroit calme. Il pourra revenir auprès du reste de la famille lorsqu'il aura cessé de crier.

- Après la crise de colère, discutez avec votre enfant de ce qui s'est passé. Renouez avec lui.

Quand s'inquiéter ?

Les crises de colère sont normales entre 2 et 4 ans. Si elles persistent après 4 ou 5 ans, et ce, en dépit de vos efforts, si elles sont puissantes et nombreuses et sans cause raisonnable, si votre enfant est triste et solitaire, peut-être souffre-t-il d'un trouble émotionnel. Parlez-en à votre médecin, consultez. Il y a des enfants qui se mettent en colère ; on en connaît tous. Il y a aussi des enfants perpétuellement habités par la colère et ce sentiment est si profond qu'il mine leur vie, en extirpe la joie. Pour ceux-là, il faut commencer par écouter leur détresse ; reconnaître le besoin d'aide professionnelle est la clé de leur bonheur.

Notes

1   G. Georges. *Mon enfant s'oppose. Que dire? Que faire?* Paris: Odile Jacob, 2002, p. 130.

2   T. Murphy. *L'enfant en colère.* Montréal: Éditions de l'Homme, 2002, p. 25.

3   M. Marion. « Guiding young children's understanding and management of anger ». *Young Children.* 1997 52 (7): 62-67.

4   Fabes et Eisenberg, 1992; Zeman et Garber, 1996; Zeman et Shipman, 1996; cités dans M. Marion. *Op cit.*

5   Malatesta et Haviland 1982; cité dans M. Marion *Op cit.*

6   D. Drory. *Cris et châtiments: du bon usage de l'agressivité.* Louvain-la-Neuve: De Boeck Éducation, 2004.

7   T. Murphy, *Op cit.*

8   D. Drory. *Cris et châtiments. Du bon usage de l'agressivité. De Boeck Belin, 1997.*

9   T. Murphy, *Op cit., chap. 4*

10 T. Murphy, *Op cit.*

11 T. Murphy, *Op cit.*

12 T. Murphy, *Op cit.*

13 T. Murphy, *Op cit.*

14 Fabes et Eisenberg 1992 cités dans M. Marion. *Guidance in Young Children.* New York: Prentice-Hall inc., 1995, chap. 7, p. 165.

15 S. Landy. *Pathways to Competence: Encouraging Healthy Social and Emotional Development in Young Children.* Baltimore: Paul H. Brooks, 2006, p. 426-427.

16 SKA Denham et R. Burton. *Social and Emotional Prevention and Intervention Programming for Preschoolers.* New York: Klumer Academic/Plenum Publishers, 2003, p. 87.

17 S. Landy, *Op cit.*

18 S. A Denham et R. Burton, *Op cit.*

19 M. Ricard citée dans D. Baril. « L'enfant comprend mieux les conséquences de la colère que celles de la joie ». *Forum* du 5 février 2007.

20 M. Ricard, *Op cit.*

21 Fabes et al 1988 cités dans SKA Denham et R. Burton, *Op cit.*

22 S. Landy, *Op cit.*

23 Tirées de SKA Denham et R. Burton, *Op cit.*

24 Fabes et Eisenberg, 1992; Gottam et Katz, 1989 cités dans M. Marion « Encouraging the development of responsible anger management in young children ». *Early Child Development and Care* 1994 vol 97: 155-163.

25 SKA Denham et R. Burton, *Op cit.* p. 112.

26 Tiré et adapté de A.L. Robin, M. Schneider et M. Dolnick. « The Turtle Technique: An extended case study of self-control in the classroom ». *Psychology in the Schools* 1976 (13): 449-453.

27 H.L. Webster and L Parker. *Taming the Dragon- Module 1: Learning to benefit from feeling.* Detselig Entreprises Ltd., 1994.

Chapitre 7

L'opposition

L'opposition, un passage nécessaire

Germain Duclos[1] définit ainsi l'opposition : « Chez l'enfant, l'opposition doit être considérée comme une tendance à s'affirmer, mais sur un mode négatif. Ce désir d'affirmation est sain, mais l'enfant s'affirme contre quelque chose par opposition verbale ou par résistance passive. » Gordon Neufeld et Gabor Maté[2] adoptent plutôt le terme de « contre-volonté », selon l'appellation d'Otto Rank, pour qui « l'obéissance se transforme en résistance ». Certains parlent d'enfants « téflon », c'est-à-dire d'enfants sur qui les adultes n'ont aucune emprise, comme si ces enfants réfractaires étaient imperméables à toute influence à cause d'une intelligence supérieure. Or, comme le dit si bien François Dumesnil[3], « la théorie de l'enfant téflon, ça ne colle pas ! » Si l'enfant résiste à toute forme de limites, c'est qu'il est en réaction, il entre en relation d'une manière négative.

Ce processus d'acquisition de l'autonomie s'amorce vers 18 mois et dure tant que l'enfant devenu adolescent n'a pas construit sa propre identité. Cela atteint des sommets vers l'âge de 2 ou 3 ans et resurgit intensément à l'adolescence. Ce n'est que vers l'âge de 7 ou 8 ans[4] qu'on peut déceler un trouble oppositionnel, si les comportements normaux d'opposition du petit persistent.

Les attitudes de défi peuvent prendre différentes formes : moues maussades, grimaces, yeux défiants, mains sur les hanches, désobéissance claire (« Non, c'est pas toi qui décides ! »), argumentation, résistance passive, refus silencieux d'obtempérer, attitude traînasse ou encore expression somatique (refus de s'alimenter, de dormir, de contrôler ses sphincters).

L'obéissance de l'enfant dépend de ses capacités à comprendre les limites qu'on lui impose et de son désir de répondre aux attentes et aux limites exprimées par les adultes. Parmi les règles, on retrouve celles qui exigent de faire quelque chose (« range tes jouets ») et celles qui interdisent un geste (« ne pousse pas ta sœur »). Il semble plus difficile et plus long d'obéir aux règles qui demandent de demeurer obéissant durant l'excution complète de la tâche[5].

Ainsi, il est parfois nécessaire de demander 20 fois par jour à des petits de 12 à 24 mois d'adopter certains comportements. Le trottineur de 14 mois obéit à 45 % des interdits et à 14 % des demandes[6].

La nécessité de répéter ainsi s'explique par le besoin d'indépendance de l'enfant, son vocabulaire peu développé et son faible niveau de compréhension des consignes. Entre 2 et 3 ans, l'enfant commence à internaliser les consignes, mais il a besoin de la présence d'un adulte pour se conformer aux règles. En effet, il veut valider sa conduite et s'assurer de la surveillance. À 3 ou 4 ans, il peut éprouver de la culpabilité, se sentir mal et vouloir réparer les conséquences de ses mauvaises actions. S'il est capable de se parler, d'utiliser sa petite voix intérieure, il pourra freiner ses élans, quelquefois même en l'absence de l'adulte. Il obéit alors à 85 % des interdits et à 30 % des demandes[7]. Il y a donc un déclin du négativisme et de l'opposition. À l'âge de 4 ou 6 ans, l'enfant s'identifie à l'adulte et devient très directif et rigide quant aux règles le régissant, lui et les autres. Le phénomène des rapporteurs témoigne de cette conscience des règles. Nul ne peut se soustraire à une règle et celui qui ose y déroger est dénoncé et jugé fautif au premier regard.

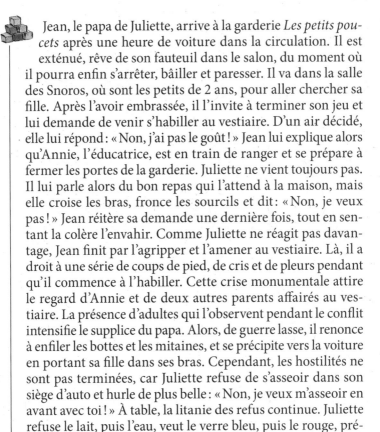

Jean, le papa de Juliette, arrive à la garderie *Les petits poucets* après une heure de voiture dans la circulation. Il est exténué, rêve de son fauteuil dans le salon, du moment où il pourra enfin s'arrêter, bâiller et paresser. Il va dans la salle des Snoros, où sont les petits de 2 ans, pour aller chercher sa fille. Après l'avoir embrassée, il l'invite à terminer son jeu et lui demande de venir s'habiller au vestiaire. D'un air décidé, elle lui répond : « Non, j'ai pas le goût ! » Jean lui explique alors qu'Annie, l'éducatrice, est en train de ranger et se prépare à fermer les portes de la garderie. Juliette ne vient toujours pas. Il lui parle alors du bon repas qui l'attend à la maison, mais elle croise les bras, fronce les sourcils et dit : « Non, je veux pas ! » Jean réitère sa demande une dernière fois, tout en sentant la colère l'envahir. Comme Juliette ne réagit pas davantage, Jean finit par l'agripper et l'amener au vestiaire. Là, il a droit à une série de coups de pied, de cris et de pleurs pendant qu'il commence à l'habiller. Cette crise monumentale attire le regard d'Annie et de deux autres parents affairés au vestiaire. La présence d'adultes qui l'observent pendant le conflit intensifie le supplice du papa. Alors, de guerre lasse, il renonce à enfiler les bottes et les mitaines, et se précipite vers la voiture en portant sa fille dans ses bras. Cependant, les hostilités ne sont pas terminées, car Juliette refuse de s'asseoir dans son siège d'auto et hurle de plus belle : « Non, je veux m'asseoir en avant avec toi ! » À table, la litanie des refus continue. Juliette refuse le lait, puis l'eau, veut le verre bleu, puis le rouge, préfère les carottes, puis les pommes de terre.

Comment expliquer la mutation de cette enfant charmante en reine acariâtre qui veut tout décider et qui s'oppose constamment ? Une fois qu'il commence à marcher, le trottineur explore, fouille et fouine. Il a besoin de s'éloigner de ses parents et de prendre des initiatives. Il grimpe dans l'escalier, vide les armoires, démarre le lave-vaisselle, s'amuse avec les interrupteurs et les boutons du téléviseur ou du magnétoscope. Papa et maman s'écrient souvent: «Non, tu vas tomber!», «Non, ne touche pas ça!» ou «Non, je ne veux pas!» L'enfant remarque le pouvoir de ce petit mot, un mot magique qui arrête, qui permet d'avoir du contrôle. Il expérimente à son tour le «non» et observe l'effet que cela produit. C'est le «non» qui exerce un pouvoir sur l'environnement. Il fait réagir ses parents, ce petit mot! Papa se précipite pour arrêter la course vers la rue, maman fronce les sourcils, hausse le ton, exprime son mécontentement ou encore cède aux caprices. Certaines fois, le tout-petit dit «non» parce qu'il a besoin d'acquérir son autonomie, de devenir grand et de construire son identité. Neufeld et Maté[8] affirment que «la contre-volonté empêche un enfant de devenir le simple prolongement de quelqu'un d'autre, même d'un parent».

Il y a aussi le «non» qui distancie. Celui qui permet de se libérer de l'emprise de l'adulte, d'être indépendant, capable tout seul. Le «non» est la première affirmation réellement consciente chez le jeune enfant.

En s'opposant aux adultes, les enfants créent une distance entre ces derniers et eux-mêmes. Ils manifestent ainsi leur volonté d'être uniques, différents, avec leur propre volonté. Parfois, on qualifie la phase d'affirmation des 2 ans de «petite adolescence», parce qu'on y trouve un besoin d'autonomie et une quête d'identité similaires à ceux de l'adolescence. «Je suis capable» signifie «Je suis assez grand». Et le «Je ne veux pas comme toi» signifie «Je suis différent de toi, je ne pense pas comme toi».

C'est l'heure du dîner. Simon, bouche ouverte, langue tirée, se concentre, soupire, en tentant d'attraper sa croquette de poulet pour la couper en petits morceaux avec sa fourchette. La viande glisse, la fourchette rate sa cible. Simon pousse un grognement. Annie offre de l'aider, mais il répond:

« Non, moi capable ! » Il poursuit ses essais, mais finit par envoyer de la nourriture tout autour de son assiette. Annie s'installe alors à côté de lui et tente à nouveau de l'aider. Il se fâche : « Non, capable ! »

Les élans d'autonomie du petit de 2 ans lui permettent de développer des habiletés, d'acquérir de la confiance en lui et de persévérer. Si les parents sont surprotecteurs et agissent à la place de l'enfant pour lui éviter une déconfiture ou pour s'épargner une crise, celui-ci comprend qu'ils ne croient pas en ses capacités. À 2 ans, l'enfant, fort de ses nouvelles habiletés motrices, veut dépasser ses limites. D'ailleurs, les enfants de 2 ou 3 ans s'opposent deux fois plus que ceux de 4 ou 5 ans. Le petit veut satisfaire lui-même ses besoins. Il est important que les adultes l'encouragent à essayer et soulignent ses réussites quand il a des difficultés : « Simon, c'est difficile pour toi de découper cette croquette ; elle est un peu dure... » ou « Bravo, tu as réussi en utilisant ta cuillère ! » Les parents peuvent encourager certains désirs d'autonomie et en empêcher d'autres pour des raisons de sécurité. De la sorte, Simon pourra choisir la couleur du pantalon qu'il va porter, mais il ne pourra pas choisir de porter un short en hiver. Ses parents lui proposent des options raisonnables parmi lesquelles il pourra choisir. Il aura ainsi un sentiment de pouvoir.

Cette période de négation systématique est passagère. Heureusement, parce qu'elle met à rude épreuve le sentiment de compétence des parents ! Ce n'est pas une période conflictuelle en soi, puisqu'il n'est pas nécessaire de confronter deux volontés. En effet, les petits Simon, Juliette et Audrey passeront du « non » au « oui » dès qu'ils auront appris à faire des choix, c'est-à-dire à considérer deux choses à la fois.

Les pièges

Ce serait une erreur de voir l'opposition de l'enfant d'âge pré-scolaire comme une quête de pouvoir et de décider alors d'entretenir avec lui des rapports de force. « Tu vas voir qui décide ici » ou « Je ne céderai jamais à tes caprices » sont les expressions d'une lutte de volontés. Cette guerre sans merci fragilise non seulement le sentiment de compétence du parent, mais surtout le sentiment de sécurité de l'enfant. Celui-ci a besoin de l'adulte pour lui et non contre lui. On viendra à bout de cette « contre-volonté » par l'attachement et par des relations structurantes et chaleureuses. L'enfant désire maintenir l'amour et mettra sa résistance de côté lorsqu'il aura appris à s'affirmer positivement. « En dehors de la dynamique de l'attachement, les attentes deviennent des sources de pression ».[9] D'ailleurs, les éducatrices se font dire par les enfants : « T'es pas ma maman, c'est pas toi qui décides. »

Il faut aussi éviter de personnaliser le conflit (il m'en veut, il ne m'aime pas) ou d'entrer dans le conflit sans décoder le besoin (tu me provoques, tu vas me respecter). Les besoins d'indépen-dance et d'autonomie s'expriment même s'il n'y a pas de la coercition de la part de l'adulte. Parfois, le petit s'accroche à un désir si passionnément qu'on peut se sentir coupable de ne pas y répondre. Cependant, le piège le plus sournois consiste à abdi-quer, soit pour éviter la crise, soit pour se soustraire aux regards et aux commentaires de l'entourage.

Cependant, quel que soit le comportement, il est essentiel de comprendre ce qui le sous-tend. L'opposition peut cacher autre chose qu'une résistance aux limites imposées par l'adulte. Par exemple, le refus de se coucher, phénomène très fréquent chez les enfants (de 30 % à 40 % d'entre eux ont de la difficulté à aller se coucher[10]), s'explique non seulement par le besoin de l'enfant de tester ses limites et celles de ses parents, mais aussi par la peur des monstres et des bruits dans le noir — chez les 3-5 ans — et par la peur de se séparer des parents pour la nuit, chez les plus petits. C'est donc le besoin de sécurité qui est alors à combler. On favorise la détente en installant des habitudes stables[11] et en donnant à l'enfant des objets sécurisants, comme une peluche, une couverture doudou ou encore en laissant dans la chambre une lumière tamisée. Le parent peut aussi promettre à l'enfant d'aller le voir dans sa chambre après 10-15 minutes s'il cesse de harceler pour se soustraire de l'heure fatidique. Carolyn Webster-Stratton[12] souligne aussi l'importance d'offrir des modèles cohérents, c'est-à-dire que les adultes font bien d'aller eux-mêmes se coucher au lieu de s'endormir assis devant la télévision.

Passer du « Non » au « Je veux »

La désobéissance chez l'enfant est un motif fréquent de consultation. Bien que nous sachions que les premières oppositions tirent leurs racines du besoin d'affirmation et d'indépendance de l'enfant, il est parfois difficile de ne pas les interpréter comme des affronts, de la bravade ou de l'insolence. Si nous nous sentons tyrannisés par les résistances de l'enfant et que nous y répondons par la multiplication des conflits et des punitions, les tensions familiales s'intensifieront. Au cœur de ces tensions, il y a certes les parents et l'enfant qui les défie, mais il y a aussi la fratrie qui finit par lui en vouloir de ruiner les relations familiales. Il est donc essentiel d'éviter les luttes de pouvoir avec l'enfant en exigeant une soumission complète.

D'ailleurs, les enfants dont les parents exigent d'eux l'obéissance aveugle ont tendance à démontrer moins de créativité, de spontanéité et une faible estime d'eux-mêmes[13]. Il ne faut pas donner de valeur à l'opposition. En effet, comme parent nous avons tous vécu la guerre des légumes ou le refus de se coucher ou de s'habiller. Plus on y accorde de l'importance en insistant à coup d'arguments ou de menaces, plus la résistance de l'enfant grandit et moins il est enclin à répondre à nos attentes. L'enfant doit apprendre peu à peu que la liberté d'exercer des choix est intimement liée à la responsabilité de ces choix. Lorsque l'enfant refuse l'aide en disant «Pousse, je suis capable», nous pouvons lui dire «Montre-moi que tu sais le faire (selon les règles) et je te laisserai faire.» L'autorité sert de protection et de soupape de sécurité.

Il est important que les parents soutiennent le besoin d'affirmation de leur enfant en lui assurant un milieu sécuritaire et sécurisant et en fixant des limites. S'ils sont trop permissifs, offrant à leur petit un cadre de vie exempt de limites et une liberté totale, ils ne lui permettent pas de s'opposer. D'ailleurs, cette attitude permissive frôle le désengagement et l'enfant peut alors se sentir abandonné, laissé à lui-même et par conséquent inquiet en l'absence de balises pour le guider. Il évolue dans un environnement qui oscille au gré de ses caprices grandissants.

En revanche, si les parents sont très autoritaires, ils court-circuitent l'élan d'indépendance du petit «opposant» de 2 ans. En effet, celui-ci obtempère, mais s'il se tait, c'est par crainte des punitions. La rigidité de ses parents ne lui laisse pas de place pour s'affirmer. L'enfant se tait, boude parfois, se moule à ce qu'on attend de lui, s'inquiète par rapport à un amour parental qu'il perçoit comme conditionnel à sa soumission.

Par conséquent, le grand défi des parents consiste à établir des limites dans un milieu accueillant et chaleureux. Ils doivent donc permettre à leurs petits décideurs de s'affirmer en faisant des choix et les encadrer en nommant fermement les interdits non négociables.

Vers l'harmonie

Pour survivre à cette période d'affrontements, les parents peuvent adopter certaines stratégies qui faciliteront le passage du «non» au «oui».

Les voici:

1. Ne surévaluez pas le pouvoir de la persuasion verbale avec votre petit de 2 ans lorsqu'il est habité par la colère ou de fortes émotions. Utilisez un ton ferme et direct, et assurez-vous que votre enfant est attentif. Le ton suppliant invite au défi et à l'argumentation.

2. N'acceptez pas les gestes excessifs. Lorsque votre enfant manifeste sa colère par des gestes dangereux pour lui ou les autres (par exemple, s'il lance des blocs), il faut l'arrêter. Dites-lui: «Tu t'arrêtes ou je t'arrête». S'il poursuit ses gestes, arrêtez-le.

3. Soyez déterminé quant à vos attentes. Ne succombez pas au chantage de la crise. Si, en criant fort et longtemps, votre enfant obtient ce qu'il veut, il répétera ce manège par la suite.

4. Évitez les affrontements inutiles. Maintenez les limites essentielles au bien-être et à la sécurité de votre enfant, et offrez-lui la possibilité de faire ses choix lorsque la situation s'y prête.

5. Soutenez votre enfant dans ses efforts parfois maladroits à s'affirmer, en l'invitant à dire ce qu'il aime, ce qu'il veut, ce qu'il pense.

6. Invitez-le à faire des choix et valorisez ceux-ci lorsqu'ils sont adaptés. Faites-lui vivre les conséquences de ses choix. Lorsqu'il proteste au moment de subir la conséquence, faites-lui remarquer qu'il a choisi cette option et qu'il en connaissait les effets. Par exemple: vous prévoyez une balade au parc en fin d'après-midi. Vous avertissez votre enfant qu'il devra ranger ses jouets avant de s'y rendre. Il poursuit son jeu et vous ignore. Annoncez-lui alors les options qui s'offrent à lui: «Tu continues ton jeu ou tu ranges tes jouets pour profiter du parc.» Il ne range pas, il s'affaire à son jeu?

Le temps passe… Il réagit lorsque vous lui dites qu'il est maintenant trop tard. Faites-lui alors remarquer qu'il a préféré poursuivre son activité. La souplesse est de mise. Si, par exemple, il amorce le rangement, démontre sa bonne volonté, on peut alors l'aider à accomplir sa tâche.

7. Favorisez son autonomie et félicitez-le pour ses progrès.

8. Valorisez sa créativité et ses initiatives, en spécifiant qu'il a trouvé tout seul dans sa tête comment s'y prendre.

9. Attribuez-lui des tâches et des responsabilités adaptées à ses capacités.

10. Ne laissez pas s'installer un climat de tension qui stresserait toute la famille. Utilisez l'humour pour dédramatiser certaines situations ou tentez de détourner l'attention de votre enfant de son obsession du moment : chatouillez, câlinez, offrez un jouet, etc.

11. Évitez l'autoritarisme. Exprimez votre refus d'une façon diplomatique. Au lieu de refuser catégoriquement, dites plutôt : « Pas maintenant, après la promenade ».

12. Lorsque vous sentez votre patience s'effriter, demandez à votre conjoint ou à un proche de vous aider à maintenir une règle. Ou appliquez la loi des trois R : reculez, respirez, puis réagissez !

13. N'attendez pas d'être exaspérés avant d'agir. « Les enfants ajustent leur temps de réaction à la tolérance des parents [14]. » Plus vous tardez à nommer vos limites, plus l'enfant vous fera attendre.

14. N'oubliez pas que plus l'enfant est jeune, plus ses comportements sont régis par le principe du plaisir et que, par conséquent, il faut répéter pour l'extirper d'un jeu amusant.

15. Exprimez une seule demande à la fois ou divisez vos instructions en petites étapes. Vous pouvez demander à l'enfant de répéter ce que vous venez de lui demander.

16. Exprimez vos attentes de façon affirmative, en nommant ce que vous souhaitez que votre enfant fasse et non ce qu'il doit éviter de faire. Deux études[15] ont démontré que l'utilisation de demandes affirmatives, par exemple : « Je veux que tu t'assoies pour manger » mène à une augmentation de la fréquence des réponses d'obéissance, alors que le recours aux demandes négatives a tendance à augmenter la fréquence des comportements inappropriés.

17. La règle du 1, 2, 3 décrite au chapitre 5 demeure une solution pertinente dans le cas où l'enfant défie souvent les demandes de l'adulte.

18. Observez les différentes stratégies de votre enfant, remarquez ses progrès.

L'opposition verbale : le négociateur

Éloi, 3 ans, joue dehors. Il remarque qu'Anaïs, sa petite voisine de 5 ans, s'amuse avec ses cousines. Il demande à son père s'il peut se joindre à elle. « Je veux Anaïs », dit-il. Son papa lui explique que ce n'est pas possible parce que ses parents accueillent des visiteurs. Éloi répète alors sa demande cinq, six, sept fois : « Je veux Anaïs. » Il insiste à tel point que l'impatience gagne son père.

C'est l'heure du repas. La famille est attablée et déguste un pâté au saumon. Lison termine son assiette et se dirige vers le coin des poupées. Sa maman, Élyse, l'invite à se rasseoir pour manger le dessert. Lison réplique : « C'est parce que la poupée a faim, elle aussi. » Élyse redit la consigne : « Tu sais, Lison, quand on se lève, c'est qu'on a terminé. Tu n'as pas mangé ton dessert ni bu ton lait. Viens te rasseoir. Tu nourriras ton bébé après le dîner. » Lison ignore Élyse et poursuit son jeu. Élyse rejoint Lison : « Nous avons presque fini notre assiette.

Après, je ramasse et le repas sera terminé.» Lison reprend de plus belle : «Moi, je mange vite et c'est long attendre. J'ai le temps de nourrir mon bébé avant que tu desserves la table.»

Après le dîner, la famille ramasse les feuilles d'automne. Le petit manège reprend. Elle veut sortir de la cour, aller au parc. «Je suis capable d'y aller toute seule. Je sais regarder des deux côtés de la rue.» Son père l'invite à l'aider, lui propose le petit râteau bleu, lui dit combien sa collaboration sera précieuse. «Moi, je ne peux pas râteler les feuilles parce que ça me fatigue. Plus tard, je serai plus en forme après le parc.»

L'enfant de 3 ou 4 ans cherche à comprendre ce qui l'entoure et il passe ses parents à l'interrogatoire. «Pourquoi tenir ta main pour traverser la rue ? Pourquoi m'attacher en voiture ? Pourquoi ce n'est pas bon de manger des bonbons ? » Ces questions l'amènent progressivement à connaître les dangers qui l'entourent. L'enfant écoute donc attentivement les arguments de ses parents. Il observe ceux-ci et cherche à les imiter. Certains enfants de 4 ans utilisent la séduction : «Tu es belle maman, je t'aime.» Et voilà maman attendrie qui en oublie la réprimande. D'autres se servent de la bouffonnerie pour désarmer un parent en colère.

Enfin, certains enfants procèdent par argumentation. Ce sont les petits avocats futés, habiles verbalement. Ils sont à l'affût des iniquités. «C'est pas juste. Pourquoi Justin peut se coucher à 8 h 30 et pas moi ? » «Pourquoi, moi je ne peux pas manger du chocolat et toi, tu en manges, papa ? » Ils imitent les adultes qui parlementent. Plus le parent discute et négocie avec son enfant, plus il lui donne matière à imiter. Le parent qui se justifie auprès de son enfant lui donne l'illusion d'être son égal et soumis à ses désirs.

Nos enfants d'aujourd'hui sont particulièrement éveillés, ils sont en contact avec de nombreux modèles sociaux différents. La télévision et l'ordinateur font entrer dans nos maisons des images sociétales parfois contraires aux modèles proposés par la famille. Ils s'expriment aisément et sont plus écoutés. On leur reconnaît des droits, alors que dans le passé on parlait avant tout du respect de l'adulte. Les parents bousculés par la vie trépidante manquent d'énergie pour maintenir les limites et cèdent parfois aux pressions exercées par l'enfant exigeant.

Le petit procureur doit être contrecarré dans sa plaidoirie. Il est devenu expert dans la présentation de toutes les raisons possibles de ne pas faire ce qu'on lui demande. « C'est assez, je suis ta maman et j'ai décidé. » Il est fort possible que l'avocat en herbe réplique : « C'est pas juste. »

Et il est vrai que notre place de parent se distingue de celle des enfants, que nos désirs sont différents des leurs et qu'il est important que les petits le sachent. « Un jour, tu seras une maman et tu décideras pour ton enfant en pensant à ce qui est bien pour lui. Maintenant, c'est moi ta maman et toi tu es l'enfant, et pour certaines choses c'est moi qui décide, car je sais ce qui est bien pour toi. »

Certains parents considèrent que l'affirmation est signe d'intelligence et ils cèdent aux arguments. Ils sont alors soumis aux pressions du petit avocat ou de la petite avocate qui a compris que son plaidoyer est une manière efficace d'obtenir ce qu'il veut.

Cela requiert de l'énergie et de la détermination, mais ça repose avant tout sur la ferme conviction que les parents ont une place d'autorité auprès du petit qui grandit.

Pistes pour retrouver une atmosphère détendue :

- Passez rapidement à l'action et cessez de vous répéter. Lorsque vous discutez, rediscutez, justifiez et parlementez, vous invitez l'enfant-procureur au contre-interrogatoire. Dites clairement que vous ne voulez plus en parler, et ça suffit !

- Évitez de marchander : « Si tu manges, tu auras une surprise. » Vous ouvrez ainsi la porte aux négociations de futurs privilèges.

- Évitez les menaces qui risquent de tomber à l'eau : « Ton cousin ne viendra pas si tu n'es pas gentil » ou « Je m'en vais sans toi si tu continues ». Devant des punitions que vous ne pouvez pas mettre en application, l'enfant constate rapidement que ce que vous dites est sans conséquence et il en vient à vous manquer de respect.

- Faites face à l'enfant au lieu d'agir sur l'environnement. Il est parfois nécessaire d'éviter les situations explosives, mais lorsqu'il s'agit de règles auxquelles vous tenez, profitez de l'occasion pour contrecarrer le petit négociateur. Ce n'est pas en arrêtant d'aller à l'épicerie avec votre enfant que ce dernier va apprendre à contrôler ses envies de sucreries.

- Respectez-vous. Faites connaître à votre enfant votre fatigue, votre seuil de tolérance. Il est préférable de dire clairement ce que l'on ressent et ce que l'on veut dans le calme plutôt que d'attendre, d'argumenter et d'exploser en montrant vos limites ! « J'en ai assez de répéter. Tu sais ce que j'attends de toi. Même si tu m'en parles encore, je continuerai de dire "Non, c'est dangereux" ! »

La résistance passive

Alice, 4 ans, est assise dans le salon avec sa poupée, ses vêtements d'hiver éparpillés autour d'elle. Elle raconte à son bébé les péripéties des personnages du dessin animé qui se déroulent à la télévision. Alice prend son temps. Elle ne se presse pas pour s'habiller, ni d'ailleurs pour se déshabiller ou pour se laver les mains ou les dents. Dès que maman lui demande de faire quelque chose, elle lambine, rêve et bouscule ainsi l'horaire de ses parents. Peut-être s'agit-il d'une façon pour Alice d'acquérir son indépendance en décidant d'elle-même le moment où elle accomplira les tâches. Elle désire peut-être éviter un travail ennuyeux. Il est aussi possible que sa tendance à traînasser s'explique par son tempérament ou que, tout simplement, le temps demeure pour elle une notion abstraite. Quoi qu'il en soit, la lenteur d'exécution peut représenter de la résistance passive, particulièrement pour les parents stressés par des horaires chargés. Voici quelques pistes[16] pour stimuler les traînards :

1. Adaptez vos attentes aux capacités réelles de votre enfant. Il doit d'abord être capable d'enlever ses chaussures et ses bas avant d'apprendre à se chausser. Le livre de Francine Ferland, *Le développement de l'enfant au quotidien : du berceau à l'école primaire*, publié en 2004 aux Éditions du CHU Sainte-Justine, est un très bon guide à cet égard.

2. Pour les petits, la notion de temps demeure abstraite et subjective. Offrez-leur un repère afin qu'ils puissent se situer dans le temps (« après telle action », « lorsque la grande aiguille touchera le point rouge sur le cadran », « lorsque la sonnerie retentira »).

3. Avisez votre enfant cinq minutes à l'avance : « Dans cinq minutes, il faudra… » ou « Après telle chose, je veux que… ».

4. Adaptez vos demandes au rythme de votre enfant. Cela suppose d'accepter son tempérament. Certains se déconcentrent plus facilement et oublient la demande. D'autres sont captifs de leur jeu et s'y soustraient difficilement. D'autres, qui sont créatifs, utilisent la moindre minute d'attente pour imaginer leur prochain jeu, leur prochaine production.

5. Ne surévaluez pas leur autonomie. Même s'ils se montrent capables d'accomplir seuls une tâche, ils ont besoin d'encouragements, particulièrement s'il faut plusieurs étapes pour l'exécuter.

6. Offrez des modèles de coopération à vos enfants : dresser la table ensemble, ramasser les feuilles d'automne, plier les vêtements. Faites-leur remarquer les bons résultats du travail d'équipe.

7. Félicitez les « petits pas », même si toute la tâche n'est pas terminée. « Aujourd'hui, tu as mis ton pantalon de neige et tes bottes. Je te félicite. »

8. Transformez les tâches en jeu[17].

9. Proposez des choix et faites vivre à l'enfant les conséquences de ces choix. Par exemple, si la routine d'endormissement prévoit la lecture d'un conte après le bain et que l'enfant tarde, on annonce la conséquence. « L'histoire, c'est après le bain et après que tu auras mis ton pyjama. Le dodo est à 8 heures. Il reste 10 minutes pour l'histoire. Qu'est-ce que tu choisis ? Tu t'habilles maintenant et il y a du temps pour l'histoire ou… tu continues de jouer dans l'eau et tu te couches sans histoire. »

10. Faites-lui prendre conscience des choix qu'il fait : « Tu décides maintenant de prendre ton temps. Tu connais la conséquence. »

La maman de Marine est inquiète. Elle se demande si sa fille comprend ses consignes. En effet, Marine reste parfois figée et poursuit ses activités, comme si rien n'avait été demandé. La mère s'est assuré que Marine entend bien et constate qu'il lui arrive parfois de respecter à la lettre ses exigences. Marine s'oppose de façon détournée en ignorant ce qu'on lui demande. Elle ne refuse pas ouvertement en criant « non », en argumentant ou en lambinant. Elle résiste passivement. Elle doit apprendre à s'affirmer ouvertement et positivement. Il faut donc décoder et nommer l'émotion ou le désir de l'enfant, afin qu'elle apprenne à dire ce qui lui déplaît et ce qu'elle veut. « Marine, je sais que tu m'as entendue. Pourtant, tu ne vas pas te laver les mains. Je pense que tu n'as pas terminé ton dessin et que ça te déplaît d'arrêter. Tu peux me le dire. "Je n'ai pas fini mon dessin et je veux le terminer. J'irai après au lavabo," ou "Je suis fâchée" ». Il est aussi important de rassurer l'enfant et lui montrer que l'amour continue malgré le désaccord.

En conclusion

L'opposition est inévitable et nécessaire, qu'elle se manifeste par des refus catégoriques ou par de la passivité. En passant du « non » au « je veux », l'enfant apprend à s'affirmer positivement. S'affirmer, c'est dire qui l'on est et ce que l'on veut. C'est aussi résister aux pressions des autres. L'affirmation remplace l'agressivité et l'opposition ; elle permet d'apprendre le respect de soi. Dans un contexte social où les enfants subissent très tôt des pressions, comme boire de l'alcool, se droguer, suivre les actions illicites d'un groupe d'amis ou participer à des activités sexuelles, il devient essentiel d'être capable de choisir selon ses valeurs en s'affirmant.

Notes

1 G. Duclos. Recueil de textes - Cours Estime de soi offert à l'Université de Montréal. Montréal : Certificat Petite enfance et famille, 2002.

2 G. Neufeld et G. Maté. *Retrouver son rôle de parent.* Montréal : Éditions de l'Homme, 2004, p. 119.

3 F. Dumesnil. *Parent responsable, enfant équilibré.* Montréal : Éditions de l'Homme, 1998, p. 202.

4 S.W. Olds et D.E. Papalia. *Psychologie du développement de l'enfant.* Montréal : Beauchemin Chenelière Éducation, 2005, p. 152.

5 Kochanska, Coy and Murray 2001 cités dans S. Landy, *Pathways to Competence. Encouraging Healthy Social and Emotional Development in Young Children.* Baltimore : Paul. H. Brookes, 2002, p. 369-372.

6 Kochanska, Coy and Murray, *Op cit.*

7 Kochanska, Coy and Murray, *Op cit.*

8 G. Neufeld et G. Maté, *Op cit.*

9 G. Neufeld et G. Maté, *Op cit.*

10 C. Webster-Stratton. *The Incredible Years. A Trouble Shooting Guide for Parents of Children Aged 3-8.* Toronto : Umbrella Press, 2001, p. 201.

11 S. Bourcier. « Le supplice du dodo » dans *Comprendre et guider le jeune enfant, à la maison, à la garderie.* Montréal : Éditions du CHU Sainte-Justine, 2004.

12 C. WEBSTER-Stratton, *Op cit.*

13 S. LANDY. *Pathways to Competence. Encouraging Healthy Social and Emotional Development in Young Children.* Paul. H. Brookes, 2002, p. 369.

14 F. DUMESNIL, *Op cit.* p. 158.

15 HOULIHAN et JONES 1990 et Neef, Shaver, Egel, Cataldo et Patrish 1983 cités dans S. Landy, *Op cit.*, p. 377.

16 Tiré et adapté de C. WEBSTER-STRATTON, *Op cit.*

17 F. FERLAND. *Et si on jouait ? Le jeu durant l'enfance et pour toute la vie.* Montréal: Éditions du CHU Sainte-Justine, 2004.

CHAPITRE 8

L'agressivité verbale

L'agressivité verbale : le poids des mots

Alors que les coups et les crises s'atténuent, les injures, jurons et menaces apparaissent. Le parent est alors aux prises avec des attitudes néfastes et il doit agir. À priori, les commentaires désobligeants peuvent ressembler à des sautes d'humeur passagères, mais il n'en demeure pas moins que s'ils sont banalisés ou ignorés, ces propos feront partie du répertoire de l'enfant en grandissant.

Cette agressivité peut prendre différentes formes. D'abord, l'impolitesse : « Aïe, donne-moi ça ! » Puis, la fantaisie agressive[1], qui relève plus d'une manifestation ludique : « Pan ! T'es mort ! » Ou encore les mots crus, dignes d'un « charretier » et pêchés ici ou là, au gré des écoutes curieuses, invectives liées à la frustration : « T'es pas fine ! T'es plus ma mère ! » Enfin, il y a aussi les mots qui font réagir ou rigoler, parfois à cause de leur connotation sexuelle « pénis, téton » ou scatologique « pipi, caca », ou le dénigrement : « T'es bonne à rien ! » et les menaces « T'es plus mon amie ! »

À l'âge de 3 ou 4 ans, les tout-petits adoptent des expressions crues, ils ne maîtrisent pas très bien leurs paroles. Le petit effronté teste les limites et doit apprendre que les insultes nuisent à la relation.

Bien que leur intention ne réside pas nécessairement dans l'affront ou l'irrespect, ils doivent apprendre peu à peu le poids des mots, c'est-à-dire qu'il y a des mots qui blessent. L'escalade des gros mots peut amener l'intimidation. Si on ignore la violence verbale, on nie l'effet blessant d'une expression, surtout si elle émane de la bouche d'un adulte : « Tu penses que t'es beau quand tu pleures comme ça ! Bon, ça y est, le bébé est de retour ». L'enfant ignore encore la portée des mots, il imite l'adulte, teste les réactions, s'amuse des sonorités. Il a besoin de l'adulte pour lui faire prendre conscience qu'il y a des propos qui nuisent à la relation et que nul ne veut entendre.

Pipi, caca, crotte de nez : des mots rigolos ou sortir de l'entraînement à la propreté

Les mots « pipi », « caca », « poil », « fesses » ou « crotte de nez » provoquent peut-être l'adulte, mais ils sont une forme de soupape ou de trop-plein d'énergie pour le petit qui, maintenant, tente de contrôler ses sphincters. Ces mots détendent et, surtout, font rigoler les copains. Donc, ils permettent d'évacuer un surplus d'énergie et apportent la reconnaissance des copains qui s'amusent allègrement des bouffonneries de celui qui ose faire réagir ainsi les adultes. L'humour peut devenir une arme efficace. Vincent, 4 ans, lance à son éducateur : « Jean, tu es un dégueulasse ». Jean interroge Vincent : « Montre-moi ce que ça veut dire, "dégueulasse". À quoi cela ressemble-t-il ? Je ne connais pas ça, moi ! Est-ce que c'est un animal ? » Ils partent tous les deux à la recherche du « dégueulasse ». Surpris, l'enfant participe aux recherches de cet objet mystérieux. Il a repéré ce mot sans en connaître le sens.

Si les mots rigolos deviennent des litanies répétées ici et là en public et que cela vous gêne, vous pouvez demander à l'enfant d'aller dire ces mots dans un endroit où ils ne choqueront pas les oreilles des autres. Il en est de même avec les jurons tirés de conversations d'adultes et répétés sans que l'enfant en comprenne le sens.

Évitez les réactions excessives. La punition montre bien à l'enfant que ces mots vous choquent et vous provoquent, donc qu'ils peuvent être efficaces pour obtenir de l'attention (voir la vignette ci-dessous).

 Au cours d'une visite à un groupe d'enfants de 3 ans, le petit Steven lance à la conseillère pédagogique: «Eh! Toé, viens assir ton gros cul icitte!», en ponctuant sa phrase d'un sacre. En l'invitant de la sorte, il observe la réaction de ses deux amis qui rigolent et celle de l'éducatrice qui blêmit. La conseillère le dévisage pour lui faire comprendre qu'elle a entendu son message et choisit de ne pas en tenir compte. Il réitère hardiment sa demande avec un petit sourire complice à ses voisins de table. La conseillère se joint à un autre groupe. Il crie alors: «Viens-tu jouer avec nous?» Elle lui répond aussitôt: «Avec plaisir! Quand tu me parles ainsi, j'ai le goût de t'écouter. Quand tu veux qu'un adulte s'occupe de toi, tu peux lui demander. C'est vraiment un bon moyen.»

Steven quête l'attention de l'adulte en tentant de le faire réagir. Il obtient alors une attention teintée de reproches. Il doit apprendre qu'il peut recevoir, de la part de l'adulte, des encouragements, du réconfort, des marques d'affection et, surtout, qu'il est digne d'obtenir tout cela.

Des gros mots qui parlent de colère

L'enfant dit des mots qui défoulent et il faut respecter la colère ainsi exprimée. Cependant, l'enfant doit apprendre que certaines paroles blessent. L'adulte doit permettre à la colère d'exister et proposer d'autres façons de s'affirmer: «Bruno, tu es fâché contre moi. Tu veux me dire : "J'aime pas ça quand tu me disputes". Ne t'inquiète pas, même si je n'accepte pas que tu frappes Étienne, je continue de t'aimer. »

Les paroles de l'adulte soulagent l'enfant, apaisent son sentiment de culpabilité. Quand l'enfant profère des injures, le parent en colère doit faire connaître son sentiment : « Non, je n'accepte pas que tu me parles ainsi. Je suis fâchée. Je comprends que tu sois en colère, mais je veux que tu me le dises autrement. »

La riposte à l'autorité s'exprime parfois en menace : « O.K. d'abord, t'es plus ma maman. Je ne t'aime plus. Je veux mamie, pas toi. T'es méchante. » L'enfant croit assez à la solidité de sa relation qu'il se permet des représailles verbales.

C'est l'autre qui est méchant, car il lui a imposé une limite frustrante. Il est préférable alors d'éviter les réponses agressives. En effet, l'enfant apprend maladroitement à verbaliser ses émotions et il espère être compris. Il ne faut pas non plus céder au caprice. L'enfant en déduirait qu'il peut faire du chantage pour obtenir ce qu'il veut.

La « tactique de l'édredon[2] » s'avère efficace. Absorbez le coup sans riposter. « D'accord, je suis méchante. C'est parce que je t'aime et je veux que tu saches qu'on ne peut pas tout avoir. Ce que tu demandes maintenant est impossible parce que… » L'emploi du mot juste permet à l'enfant d'apprendre comment exprimer sa colère. Il prend aussi conscience du fait qu'on peut à la fois aimer quelqu'un et se mettre en colère contre lui, sans fragiliser pour autant le lien d'amour.

Des fantaisies agressives tirées des jeux de « faire semblant »

« Pan ! t'es mort ! » « Toi, tu es la sorcière noire et laide. » « Toi, tu étais méchante. » Dans les jeux symboliques, les enfants font semblant, ils se donnent des rôles, ils jouent à se tuer et à se faire peur.

L'épée de carton, le fusil construit avec des blocs ou la baguette magique servent à faire semblant de combattre, de tuer ou de transformer quelque chose, dans un monde imaginaire. C'est l'adulte qui confond le jouet et l'arme réelle, celle des grands, celle qui tue dans la réalité. On prête aux tout-petits une intention hostile quand on veut interdire ces jouets parce qu'ils sont destructeurs. L'enfant d'âge préscolaire navigue de la réalité à l'imaginaire. Il passe d'un sentiment de toute-puissance, revêtu de la cape de Batman, à un sentiment d'impuissance lorsqu'il marche dans la neige, vêtu de ses lourdes bottes et de son habit de neige encombrant[3].

Même si ces mots nous semblent violents, ils sont des manifestations ludiques. À ce sujet, Simone Scoatarin conseille l'accueil du jeu bien plus que sa répression. « Interdire et culpabiliser ces manifestations ludiques va à l'encontre de leur bienfait libérateur, la décharge de tension sur un mode imaginaire sans incidence aucune sur la réalité[4]. »

Des mots qui blessent : le dénigrement

Les gros mots qui dénigrent l'autre révèlent aussi le besoin d'être reconnu et valorisé. Marielle regarde la belle robe de Juliette et émet son opinion : « Elle n'est même pas belle, ta robe ! » Ces commentaires reviennent régulièrement : « Il n'est pas beau, ton dessin. Tu es un bébé lala ! »

Marielle se compare désavantageusement à Juliette. Elle a besoin qu'on nomme ses forces et ses qualités pour l'amener à une comparaison joyeuse, qui se construirait sur une bonne estime de soi.

Ce n'est pas en punissant Marielle qu'on lui permettra de reconnaître que ses habiletés s'expriment davantage en motricité et qu'à travers les différences on se distingue et on se complète.

Nommez les forces spécifiques de chaque enfant et de votre conjoint. Mettez en évidence les forces complémentaires de votre couple.

Vous devez aider votre enfant à découvrir une sensibilité envers l'autre. Il doit comprendre que certains mots font de la peine et nuisent à ses amitiés. Par exemple, si votre petit vous fait remarquer la différence physique d'une personne, vous pouvez répondre : « C'est vrai, mais je pense que ça lui fait de la peine quand les gens le disent. Tu peux me le dire, juste à moi. »

Émilie accompagne sa maman au magasin et dit : « Regarde, maman, le monsieur au gros bedon a perdu tous ses cheveux. » Le monsieur fronce les sourcils, la maman rougit. L'enfant ne connaît pas la portée de ses mots, prononcés si naïvement. Il doit être sensibilisé aux émotions de l'autre et apprendre peu à peu à se censurer. « Tu as raison, Émilie. Cet homme n'a pas de cheveux, il est chauve. Mais il ne faut pas le dire tout haut, ça peut lui faire de la peine. Tu pourras m'en parler quand nous serons seules. »

De la menace à l'intimidation

Taquineries, sarcasmes, menaces, rumeurs font partie des comportements intimidants au même titre que les coups, les vols et les exclusions[5]. L'auteur Olweus[6] soulève lui aussi la situation de déséquilibre du pouvoir, c'est-à-dire la relation agresseur-victime inhérente au contexte de harcèlement, tout en insistant sur la nature répétitive des actions négatives.

L'enfant de 5 ans qui s'exprime bien verbalement, qui s'attaque aux plus petits et qui utilise la menace pour se joindre à ses camarades nuit au plaisir du jeu de ces derniers et envoie un signal d'alarme ; il risque de poursuivre ces stratégies intimidantes à l'école.

Loïc, le décideur

Loïc s'approche doucement d'Antoine et Iman, intrigué par leurs efforts à construire une cabane sous la grande table. Ils ont d'ailleurs aménagé l'intérieur avec des coussins. Or, Loïc tente immédiatement de diriger les opérations. Il enlève la couverture bleue qui sert de toiture et leur ordonne d'utiliser plutôt une couverture blanche, plus grande, qui couvrirait aussi les côtés de la table. Iman y consent, mais Antoine se couche sur la toiture existante pour signifier son désaccord. Loïc lui ordonne de s'enlever et crie à Iman de se dépêcher. Le ton monte, il menace Antoine. « Je ne t'inviterai pas à ma fête si tu ne mets pas l'autre couverture. Je ne serai plus ton ami et Iman non plus ! » Lorsqu'Antoine s'éloigne du jeu, Loïc tente de le convaincre de revenir. Il s'est aperçu que sa tactique nuisait à son amitié.

Loïc dirige quiconque participe à ses jeux. Il ne cible pas les plus vulnérables. Il s'est fait admettre dans le jeu sans utiliser ni menace ni coercition. Certes, il a un comportement autoritaire, mais il utilise aussi des tactiques pacifiques pour se joindre au groupe. Il prend peu à peu conscience que ses stratégies de menaces éloignent les autres. Les enfants oppresseurs[7] imposent leurs règles autant aux adultes qu'aux enfants, ils sont peu sensibles aux autres, ils prennent plaisir à les malmener et à les insulter. Barbara Crossley et Beverlie Dietze[8] soulèvent l'influence familiale dans ce recours à l'intimidation : « Les adolescents qui ont recours à l'intimidation sont souvent des victimes ou des témoins de violence parentale. »

Il est possible de prévenir l'intimidation, l'agir oppressant et la tyrannie subie par les victimes, et ce en agissant dès la cinquième année de vie de l'enfant. « La recherche en petite enfance a révélé que les garçons ont davantage tendance à avoir recours au comportement intimidant que les filles, mais que les deux sexes sont également aptes à être victimes[9]. »

Quelques stratégies susceptibles de prévenir l'intimidation[10] :

1. Adoptez une approche démocratique. Ainsi, vous offrez aux enfants un modèle pacifique de négociation des conflits, où chacun a la possibilité de s'exprimer et le devoir de le faire dans le respect de l'autre.

2. Encouragez vos enfants à exprimer ce qu'ils ressentent, à écouter la petite voix à l'intérieur qui leur dit ce qui leur convient. Apprenez-leur à s'affirmer.

3. Identifiez avec vos enfants une personne de confiance à qui ils pourraient se confier, quelqu'un avec qui ils se sentent bien. Apprenez-leur qu'il est essentiel de demander de l'aide lorsque l'autre n'écoute pas et ne respecte pas ce qu'on lui dit.

4. Apprenez-leur qu'il peut être intéressant d'écouter et de reconnaître une idée intéressante venant de l'autre, une idée différente de la sienne.

5. Apprenez-leur le respect de la différence.

6. Aidez-les à déterminer les mots qui blessent en observant les réactions de l'autre et en leur faisant connaître vos limites.

Certes, un environnement familial empreint de respect, d'écoute et de chaleur est le premier antidote à l'intimidation. De plus, chaque parent porte en lui des valeurs et des interdits issus de son éducation, de sa culture. Il doit donc être au clair avec les mots qu'il juge offensants et orienter l'enfant vers une censure qui colle à sa propre histoire. Un mot sera perçu comme inoffensif pour les uns et blessant pour l'autre, et nul ne peut évaluer un tel jugement.

Notes

1   Tiré de S. SCOATARIN. *C'est pour mieux te manger, mon enfant. De l'agressivité et des morsures, à la crèche et ailleurs.* Paris : Desclée de Brouwer, 2003, p. 144.

2   Expression du Dr Pierre DOULLET, pédiatre, tirée de *Psychologies*, sept. 2005, p. 34.

3   Pour en savoir plus, consultez S. BOURCIER, « Doit-on interdire les jeux de guerre ? », *Magazine Enfants Québec* mai 2007, p. 67-68.

4   S. SCOATARIN, *Op cit.* p. 145.

5   Banks cité dans H. FIELD, « La prévention de l'intimidation dans les programmes de santé d'enfants ». *Interaction* 2003 16 (4) : 36-37.

6   D. OLWEUS. *Violences entre élèves, harcèlements et brutalités.* Paris : ESF Éditeur, 1999.

7   Tiré de FROSCHL et SPRING cité dans H. Field, « La prévention de l'intimidation dans les programmes de santé d'enfants ». *Interaction* 2003 16 (4) : 36-37.

8   Tiré et adapté de B. CROSSLEY et B. DIETZE, « Le comportement intimidant, un apprentissage qui se fait tôt dans la vie ». *Interaction* 2003 16 (4) : 34-35.

9   FROSCHL et SPRING, *Op cit.*, p. 37.

10 Tiré et adapté de FROSCHL et SPRING cité dans H. Field, « La prévention de l'intimidation dans les programmes de santé d'enfants ». *Interaction* 2003 16 (4) : 36-37.

CHAPITRE 9

Chamailleries et batailles au sein de la fratrie

La jalousie fraternelle, une réaction normale

Nous rêvons tous d'une famille idéale au sein de laquelle chacun s'épanouit dans l'harmonie. Les parents rêvent de cette ambiance bienveillante, propice aux rires et à la connivence, pendant que l'aîné fantasme sur le bébé à venir. Il imagine un futur camarade de jeu souriant et soumis à ses volontés de grand. Or, la réalité est tout autre. D'ailleurs, même avant l'arrivée du nouvel enfant, ce suborneur prend déjà sa place. On lui a cédé le lit si douillet des premières années et on a déménagé l'aîné dans un grand lit qui ne possède ni odeurs ni souvenirs. On a retiré de la commode la layette et certains jouets et on les a rangés dans les tiroirs du futur membre de la famille. Il n'est pas encore là, mais il est déjà le sujet de conversation privilégié. Avant cette grossesse et l'arrivée du second enfant, l'enfant unique vivait serein, dans un royaume où les parents lui procuraient des repères relationnels et identitaires clairs. Toute l'attention parentale était orientée vers lui. Il était l'objet d'amour, ils étaient là pour lui. Or, ces acquis affectifs sont menacés par l'arrivée du nouvel enfant. Françoise Dolto[1] parle de la jalousie fraternelle en terme d'orage soudain, Maurice Porot[2] la décrit comme une souffrance, Edwige Antier[3] affirme que la «jalousie est inhérente à l'être humain». Danielle Laporte explique aussi cette jalousie comme étant une compétition pour accéder à l'amour privilégié des parents[4].

Quoi qu'il en soit, tous s'entendent pour dire qu'il s'agit d'une réaction normale. Une grande proportion d'enfants se retrouve devant les affres de la rivalité, soit près de 65 % des aînés de famille. L'aîné observe la différence entre les soins accordés au bébé et ceux qu'on lui accorde. Il interprète rarement cette différence de façon positive. Le temps passé auprès du bébé dépasse largement le temps passé avec lui !

De plus, l'arrivée d'un bébé modifie la relation mère-enfant. Il y a une forme de « dénarcissisation » attachée à cette venue. L'attention se décentre de l'aîné et se partage. L'aîné n'est plus le seul objet d'amour. Il s'inquiète de cela.

Chez l'enfant d'âge préscolaire, la jalousie est exacerbée par la pensée égocentrique. Puisqu'il ne sait se centrer que sur sa propre réalité, il perçoit le bébé comme un intrus qui le détrône. Il a donc le sentiment de passer du rôle de monarque à celui de subalterne. D'autant plus si ce suborneur est encensé par les parents et tous les visiteurs qui s'extasient devant sa beauté, ses sourires et même ses gémissements. On le lui présente comme un trésor à préserver, à traiter avec précaution, comme un ange à chérir, alors qu'il n'a qu'un seul désir : dominer cette chose qui crie, qui dérange et qui prend tout le temps de sa mère. Il voudrait même s'en débarrasser pour ne plus l'entendre ni le voir.

Christiane Olivier[5] explique d'ailleurs ces sentiments. « La jalousie d'un enfant est la première violence qu'il exerce pour sauver sa peau, son identité. » Il cherche donc à protéger sa place, la seule qu'il connaît et qui fait partie de son identité, la place du seul enfant dans la famille. C'est l'aîné qui est le plus perturbé par la venue d'un autre enfant[6,7].

Les réactions de jalousie dépendent de l'âge des enfants et du contexte. Le premier enfant est porteur d'anxiété pour les parents, puisque c'est avec lui qu'ils s'initient à leur rôle parental. Ce premier enfant est donc en général très investi par les parents désireux de tout faire pour combler ses besoins. C'est pourquoi il est particulièrement difficile pour lui de partager cet amour si exclusif.

Il faut donc le rassurer en lui montrant que ce désir d'enfant était aussi présent lors de sa propre naissance, que vous l'aimez tout autant et que vous êtes fier qu'il soit maintenant le plus grand de vos enfants.

L'âge des enfants de la famille influe aussi sur le niveau d'adaptation de l'aîné. Plus l'écart avec l'enfant à venir est petit, plus il risque de s'installer un climat de compétition. Par contre, un écart trop grand isole les enfants. Un écart de 2 ans et demi à 3 ans favorise la connivence, ainsi que la reconnaissance des privilèges et des obligations liés au statut d'aîné ou de cadet[8].

La jalousie s'avère plus forte dans les familles de deux enfants que dans les familles nombreuses et entre enfants du même sexe[9]. En effet, la réaction du deuxième enfant envers le troisième enfant est moins prononcée que celle de l'aîné envers le deuxième. Le deuxième a tendance à imiter le frère aîné, qui se montre maintenant plus réceptif au bébé. En effet, il ne se défend plus pour sa place de souverain puisqu'il partage le règne avec son frère ou sœur. D'ailleurs, il devient souvent celui qui fait les premières demandes aux parents, celui qui entame les premiers gestes d'autonomie ou d'opposition. Parfois, il se sent chargé d'ouvrir les portes pour les autres.

L'enfant âgé de 12 à 18 mois[10] ne se représente pas ce que la présence de ce bébé changera dans sa vie. Entre 18 mois et 5 ans[11], l'enfant voit la venue du bébé comme « un cadeau empoisonné ». Son égocentrisme l'amène à le percevoir comme un intrus qui interfère dans la relation privilégiée avec ses parents. Vers l'âge de 6 ans[12], l'égocentrisme décline et l'intérêt de l'enfant se dirige davantage vers le monde extérieur, vers les amis. Peu à peu, la rivalité fraternelle diminue pour laisser place à la concurrence entre camarades.

La dynamique familiale joue aussi un rôle dans l'investissement affectif accordé à l'enfant à venir et dans l'adaptation de l'enfant à la naissance du bébé. Lorsque cet enfant à venir est porteur d'une mission de réparation et que tout l'espoir lui est dévolu, l'aîné risque de se sentir exclu et désinvesti (*voir les vignettes d'Emmanuelle et de Josua*).

Emmanuelle

Emmanuelle a 4 ans. Sa maman vient d'accoucher d'un petit garçon, au grand plaisir de son père qui le souhaitait ardemment. «Je pourrai faire des sports avec lui, l'emmener voir des joutes de hockey, on fera des activités entre hommes», dit-il. Il prend grand soin du chérubin et cesse d'aller chercher sa fille à la garderie. Depuis peu, les éducatrices ont remarqué qu'Emmanuelle s'arrache les cheveux. On en retrouve des touffes épaisses entre ses doigts et sur l'oreiller, à la sieste. Ses parents lui font alors couper les cheveux très courts et, comme un garçon, elle porte une casquette de sport. Elle a aussi été observée en train de pousser les petits de la pouponnière et, à grands cris, d'exclure de ses jeux les fillettes de la garderie. Sa mère se plaint de son attitude agressive envers son frère. Emmanuelle a l'impression qu'elle ne peut pas, comme fille, plaire à son père et elle rejette à sa façon cette identité féminine.

Josua, le premier qui voulait être le second

Lorsque la maman de Josua est tombée enceinte pour la deuxième fois, elle était en pleine ascension professionnelle. Cette grossesse n'était pas planifiée, mais elle a été accueillie comme un événement heureux. L'aîné, Josua, était un bébé exigeant. Il avait des rythmes d'alimentation et de sommeil irréguliers. Il se montrait très sensible aux bruits et aux changements. Il pleurait beaucoup, sans que sa mère arrive à le consoler. Son père, par contre, parvenait à l'apaiser. Or la mère a vécu comme des échecs ces difficultés d'adaptation et, en riant, elle se décrit comme une mauvaise mère. Les crises d'opposition qu'on retrouve chez les 2 ans ont fragilisé son sentiment de compétence parentale et elles prennent même la forme de luttes de pouvoir entre elle et son fils. C'est pourquoi l'arrivée de son deuxième fils la rassure. Elle aime tant langer, bercer et jouer avec Gabriel. C'est un bébé calme et rieur. Déjà, enceinte, elle « sentait la différence ». Elle compare les enfants en les décrivant à ses proches. Josua étrangle le bébé de câlins vigoureux et fait les quatre cents coups pour se faire remarquer. Il a même essayé d'être très sage, comme son petit frère, pour se faire aimer comme lui. Pourtant, rien n'y fait. Il est et restera le premier et non pas ce deuxième qui a redonné à sa mère un sentiment de compétence parentale.

Les enfants peuvent exprimer leur jalousie de différentes manières : régression, opposition ou agression.

Avant la naissance du bébé, l'enfant s'identifie à ses parents, donc à des modèles plus évolués que lui. À la naissance du bébé, l'enfant s'aperçoit que ses parents aiment le poupon. Il en vient à l'imiter, à retourner à un épisode de sa vie où il était petit et le seul objet d'amour de ses parents. Certains enfants recommencent à se souiller, demandent le biberon, veulent être bercés ou encore babillent comme des bébés, au lieu de s'exprimer clairement comme ils en ont l'habitude. Ces régressions sont de passagères réactions d'adaptation.

D'autres aînés réagissent en vérifiant les limites et les règles existantes. Ils testent la constance des parents en contrevenant aux interdits. Il y a tant de changements autour d'eux qu'ils se demandent si les limites sont maintenues. D'ailleurs, certains collectionnent les bêtises après avoir constaté que cela constitue un moyen très efficace d'obtenir l'attention des parents.

Enfin, plusieurs « délogés du trône » luttent férocement pour garder leur place d'unique amour de leurs parents. Ils poussent les plus jeunes à la garderie, donnent des coups à leur maman, embrassent le bébé de façon brusque, brisent ses jouets, cachent sa sucette, invectivent l'autre, l'injurient et le bousculent sous prétexte d'un jeu ou l'agressent ouvertement, en proie à la colère. La rivalité prend parfois l'allure de gestes maladroits, censés être des manifestations d'amour. « Il l'aime tellement qu'il l'écrase », alors qu'il sait très bien câliner doucement d'autres personnes. Bien qu'il s'agisse de dérapages occasionnels, ces gestes disent, à leur façon, que l'aîné souhaite la disparition du petit rival encombrant qui semble être le préféré. Ils expriment un doute quant à la place qu'ils occupent désormais dans le cœur de leurs parents.

François Dumesnil[13] nous met en garde contre la banalisation de ce doute qui cache de la détresse. « Lorsque l'enfant soulève la question des préférences, c'est qu'il fait l'expérience d'un malaise particulier. » On doit donc le rassurer quant à la place unique qu'il occupe au sein de la famille et éviter ainsi que l'orage devienne un cataclysme[14].

Le piège de l'égalité

La plupart des parents se sont déjà sentis piégés par le principe de la justice distributive. Nous calculons, nous mesurons, nous comptabilisons les dépenses faites pour l'un et pour l'autre, le temps accordé à l'un et à l'autre. Tout ça pour s'assurer d'une égalité des traitements envers chacun des membres de la fratrie, en souhaitant ainsi contrer la jalousie. Loin d'aplanir les difficultés relationnelles au sein de la fratrie, cette égalité attise la rivalité. Tous les parents désirent accompagner leurs enfants afin qu'ils se réalisent le mieux possible, mais il faut aussi reconnaître qu'il existe des affinités naturelles qui jouent parfois en faveur d'un enfant en particulier. Alors, on tente de ne pas adopter une attitude de favoritisme envers lui, et pour ne pas se sentir coupable envers l'autre, on comptabilise les marques d'affection pour chacun. Certains parents redoublent même d'affection envers l'aîné parce qu'ils se sentent coupables de lui imposer ce « bébé frustrant » ! Edwige Antier souligne que « l'ajustement demandera d'autant plus de temps si vous vous sentez coupable de lui avoir fait ce coup-là[15] ». Quelles que soient les conditions égalitaires dans lesquelles les enfants évoluent, il y en aura toujours un pour se montrer à l'affût des injustices et dénoncer à haute voix : « Ce n'est pas juste ! » Et il aura raison, puisque si on répond aux besoins spécifiques de chacun par des mesures unifiées, il y a injustice. Aucun critère d'égalité ne saura satisfaire le besoin d'être considéré comme un être unique et non comme un simple élément de la famille. « La prévention de la jalousie ne passe jamais par l'égalité à tout prix, mais par l'individualisation et l'acceptation des différences[16]. »

Floret[17] ajoute ceci : « Donner la chance à chaque enfant d'être le héros de ses parents diminuera la jalousie. »

Voici quelques moyens pour atténuer la rivalité fraternelle :

- Vantez les forces, les habiletés, les caractéristiques différentes. L'enfant a besoin d'être reconnu dans ce qu'il est. La période du coucher est propice à ce genre de confidences.

- Offrez un espace à chacun pour dormir, pour ranger ou pour s'isoler. Que chacun ait son coin, sa couverture, ses couleurs préférées, par exemple pour l'édredon ou les vêtements.

- Fêtez les enfants à différents moments. L'un sera fêté avec ses amis et des cadeaux, tandis que l'autre le sera plus tard et en famille. Il n'est pas pertinent d'acheter un cadeau de consolation à celui qui ne célèbre pas son anniversaire. C'est la journée de celui dont c'est l'anniversaire.

- Favorisez les amitiés respectives. Chaque enfant a son groupe d'amis et n'est donc pas contraint d'y inclure son frère ou sa sœur.

- Avant de donner les jouets du grand au petit, demandez-lui son autorisation. Il a un droit de possession.

- Mettez en place un horaire adapté à l'âge de chacun, même si les deux enfants n'ont qu'un an de différence d'âge. L'aîné doit pouvoir bénéficier de privilèges reliés à son droit d'aînesse, par exemple se coucher plus tard...

- Partagez des moments d'intimité avec chacun des enfants. Ces moments personnalisés les rassureront quant à la place privilégiée qu'ils occupent dans votre cœur. Par exemple, allez chercher d'abord l'aîné à l'école, puis le petit à la garderie et alternez.

- Évitez les comparaisons.

- Accompagnez les enfants dans des activités différentes. Le petit pourra choisir une activité à faire avec papa après les devoirs du plus vieux.

- Reconnaissez les besoins spécifiques des enfants et évitez ainsi de vous sentir en faute lorsque l'un d'eux vous reproche de trop vous occuper de l'autre. « En ce moment, c'est Étienne qui a besoin de moi. » Fiez-vous à votre sensibilité et votre jugement.

- Refusez de répondre à la question « Qui préfères-tu ? » Quelle que soit la réponse, il y aura toujours un enfant lésé.

- Évitez de faire porter le poids de l'enfant-modèle à l'aîné. Les exigences reliées à « donner l'exemple » amènent le grand à développer du ressentiment envers ce petit. En effet, à force d'imiter les adultes, de céder pour le petit et d'assumer cette responsabilité, l'aîné oublie sa propre nature et sacrifie ses besoins. D'ailleurs, ces rapports nuisent à l'autonomisation du plus jeune.

Les batailles

Maxime, 4 ans, rassemble les parties de son nouveau casse-tête de dinosaure. Léa, 2 ans, accapare quelques morceaux. Maxime crie « C'est à moi ! Donne ! », sans résultat. Il agrippe la main de Léa et tente de la lui ouvrir pour récupérer ce qui lui appartient. La petite sœur hurle, tombe et pleure.

***

François, 4 ans, et Bertrand, 7 ans, sont installés devant la télévision et se disputent le choix de l'émission.

***

Joëlle s'approche du berceau du bébé endormi et lui lance des toutous au visage.

Parfois, ces scènes se multiplient et agacent grandement les parents. Doit-on intervenir dans ces querelles ou les considérer comme de simples enfantillages sans conséquence ?

Bien que ces disputes soient normales, elles peuvent dégénérer en conflit malsain et empoisonner les relations, même jusqu'à l'âge adulte. L'indifférence ou le non-interventionnisme des parents peut être perçu par la victime comme un consentement au geste violent, aux mauvais traitements. On observe parfois des jeux pervers, comme s'asseoir à califourchon sur le torse du petit ou le frapper à coups de poing dans le ventre, écraser sa tête dans la neige. Ces bagarres malsaines et répétitives réduisent le plus faible à un rôle de souffre-douleur. Il ne s'agit pas de jeux enfantins, mais bien de blessures d'enfance inscrites pour longtemps dans la vie de celui qui ne s'est pas senti aimé puisqu'il n'a pas été protégé par ses parents. Il est donc important d'intervenir lorsqu'un des enfants devient combatif, belliqueux ou encore inquiet et démuni. Il faut à tout prix préserver l'intégrité de chacun en interdisant les manifestations agressives et dangereuses.

Les parents doivent alors séparer les enfants et réconforter la victime. Ils doivent apprendre à la victime à s'affirmer et aider l'agresseur à se maîtriser. Il faut tenir compte du rôle de chacun et ne pas prendre parti, à moins d'avoir vu ce qui s'est réellement passé. Bien souvent, c'est le plus vieux qui est blâmé, mais les recherches[18] démontrent que c'est souvent le plus jeune de la fratrie qui provoque les comportements agressifs des autres. Il devient donc essentiel d'éviter de surprotéger le plus jeune et de donner trop de responsabilités au plus vieux. Cette attitude ne fera que gonfler l'hostilité de l'aîné à l'égard du plus jeune, perçu comme le préféré. On ne peut exiger de l'aîné qu'il cède et qu'il soit raisonnable en donnant le crédit automatiquement au cadet, sous prétexte qu'il est plus petit. L'animosité normale dans le cadre d'une rivalité devient pathologique quand on impose à l'aîné un comportement social d'amour sans prendre en considération sa nature égocentrique normale.

C'est l'interventionnisme culpabilisant de l'adulte qui transforme des manifestations normales de jalousie en réactions pathologiques. On alimente sa colère en lui faisant des reproches (« Tu es méchant ») ou du chantage affectif (« Tu me fais de la peine »). Les sentiments sont légitimes (« Je te déteste ! »). Ce sont les manifestations agressives qui sont répréhensibles. Ainsi, l'aîné n'est pas tenu d'aimer ce bébé ou ce petit frère dérangeant. Sarfati et Brunet[19] proposent d'autoriser ces élans de colère. « Tu as le droit de ne pas l'aimer. Il n'a pas besoin que tu l'aimes, puisque nous, les parents, l'aimons. Mais tu dois le respecter, comme il doit te respecter, parce que vous faites partie de la même famille et vous habitez dans la même maison. Plus tard, vous choisirez avec qui vous voulez habiter. »

Françoise Dolto[20] insiste beaucoup sur cet aspect : « Le bébé n'a pas besoin que tu l'aimes. Je comprends que tu ne le trouves pas intéressant. Il se mouille, ne parle pas, ne sait pas jouer avec toi. Tu sais tout faire ça. On est fier de toi. C'est juste un bébé intéressant pour une maman parce que c'est son métier de s'en occuper. Ton papa l'aime bien aussi parce qu'il sait qu'un jour il sera grand comme toi. »

Évitez d'insister sur les aspects positifs de cette nouvelle présence, montrez aussi les inconvénients (bébé qui pleure fort, petit qui dérange les jeux du grand). L'enfant se sentira compris et aimé malgré ses sentiments de jalousie.

TABLEAU 7

Quelques suggestions pour régler les disputes entre frères et sœurs

Il lance des peluches dans le berceau.	Interdisez le geste, expliquez que le bébé ne peut pas jouer et proposez une autre activité.
Il vient se plaindre de son frère.	N'encouragez pas la délation. Témoignez plutôt de votre confiance dans leur capacité à régler eux-mêmes leur conflit. « Va lui dire ce qui te déplaît et regardez ensemble ce que vous pourriez faire pour vous entendre. »
Ils se querellent pour un jouet.	Arrêtez la querelle. Enlevez le jouet. Demandez ce qui se passe et accompagnez-les ou invitez-les à trouver une solution.
Vous entendez des cris, des obstinations.	Ignorez les petites querelles. Laissez-leur un peu de temps pour exprimer ce qu'ils veulent.
Vous constatez un dégât dans la salle de jeu et personne ne s'avoue coupable.	Faites ramasser le dégât par les deux et dites-leur qu'il faut du courage pour dire la vérité. C'est en racontant nos bêtises qu'on apprend à les réparer et qu'on garde la confiance de nos parents.
Il a détruit un dessin, une construction de son frère.	Démontrez les conséquences logiques. Demandez à la victime si elle désire un nouveau dessin ou une nouvelle feuille, ou encore si elle veut dessiner seule ou que l'agresseur ramasse les blocs, reconstruise ou s'éloigne du jeu de blocs.

Il tape le poupon en disant «Pas taper bébé».	Il tente de se convaincre. Demandez-lui de parler à ses mains pour qu'elles s'arrêtent et qu'il devienne plus fort que ses mains et ainsi qu'il puisse les retenir.
Il frappe sa maman.	Arrêtez-le fermement et dites-lui combien ce geste vous déplaît, que vous ne l'acceptez pas. Sachez qu'il est en colère contre vous qui avez apporté ce bébé. Évitez de déverser vos émotions en expliquant votre peine, votre désarroi. Cela pourrait faire comprendre à l'enfant qu'il s'agit d'un moyen efficace pour attirer l'attention.
Ils se querellent dès que vous les observez.	Ils cherchent l'attention: accordez-leur un moment de jeu partagé lorsque vous observez l'entente. «J'ai vraiment le goût de jouer avec vous.» «Vous vous entendez bien, vous partagez. C'est plus agréable.» «Est-ce que je peux jouer avec vous? C'est lorsque je vous vois ainsi bien jouer que j'ai le désir de me joindre à vous pour qu'on passe du temps ensemble.» Évitez les longues périodes de négociation, ils cherchent à monopoliser leur arbitre préféré. Edwige Antier[21] décrit bien cette situation: «C'est pour vous qu'ils se battent. Vous êtes tellement accaparée pour savoir qui a raison et qui a tort. Ils sont ainsi certains de vous avoir toute à eux.»
Il ne respecte plus les règles qu'il suivait pourtant si bien avant la venue du bébé.	Évitez la confrontation directe. Tentez la négociation, le compromis. Expliquez que les attentes et les interdits ainsi que les moments de tendresse et de routine sont maintenus puisque les règles servent à protéger et à grandir.

Ils se lancent des injures en se comparant : « Bébé lala » « T'es pas capable ».	Soulignez les forces individuelles et évitez les comparaisons. Utilisez à l'occasion l'album photo pour témoigner des étapes que l'aîné a dû franchir lui aussi. Organisez les jeux de telle sorte que la concurrence soit diminuée par la présence d'une autre personne. N'oubliez pas que les enfants d'âge préscolaire n'ont pas encore les habiletés nécessaires pour suivre seuls les jeux de règles.

Ennemis d'un jour, amis pour toujours

La famille est le microcosme de la société où de nombreuses régulations sont nécessaires pour établir des liens et les maintenir. Si l'enfant voit que l'on comprend ses inquiétudes, qu'on l'accepte malgré ses comportements déroutants, qu'on l'aide à exprimer ses sentiments, cette période d'adaptation favorisera son développement.

Grâce à sa famille, l'enfant se situe davantage dans son identité. Il est certes le fils ou la fille de ses parents, mais il se reconnaît aussi le frère ou la sœur de ce puîné, pareil ou différent dans son identité sexuelle particulière, dans ses talents, dans ses champs de prédilection et, surtout, dans ses besoins. Il se situe dans le temps en se référant à sa fratrie. Né le premier, né le second, né le troisième signifie : « Avant moi, il y avait ou non une histoire familiale et après moi, une continuité et l'accès à des modèles différents. » Outre ces repères identitaires, la fratrie offre à l'enfant l'occasion de pratiquer les habiletés sociales. En effet, les affrontements deviennent une source d'apprentissage à la tolérance aux délais, à la négociation, aux compromis, à l'écoute. Ces rapports de force offrent aussi la chance à chacun d'exprimer ses émotions. Danielle Laporte[22] souligne que les « enfants qui ont des frères et des sœurs peuvent davantage exprimer leurs colères et leurs joies envers leurs parents, ce qui est excellent». Liliane Nemet-Pier[23] ajoute: «Il va se frayer un chemin dans cette jungle, se battre contre les monstres qu'il rencontrera (la haine, le désir de vengeance, la violence).» Apprendre à vivre ensemble suppose aussi le respect de règles et favorise l'émergence du sens des responsabilités.

Au cœur de ces tensions fraternelles, il y a aussi des gestes tendres et une connivence pour consoler l'autre, ce qui prend parfois l'allure d'une collaboration positive (préparation d'un petit-déjeuner à la fête des Mères, cachette de cadeaux) ou d'une bêtise camouflée ensemble. Vers l'âge de 4 ou 6 ans, les enfants passent deux fois plus de temps entre frères et sœurs qu'avec leurs parents, et leurs échanges sont de l'ordre de la rivalité dans 30 % et de la connivence dans 70 % des interactions[24]. Certes, les conflits quotidiens liés à la rivalité perturbent l'harmonie familiale, mais la fratrie représente aussi «un lieu prodigieux de satisfactions mutuelles et un monde où il faut apprivoiser le désenchantement[25]». Plusieurs petits, devenus grands, passeront outre ces désillusions de l'enfant et deviendront des alliés, se soutenant l'un et l'autre au cours des événements de la vie. Ils pourront se dire alors: «Je suis heureux que tu sois là pour moi.»

Notes

1 F. DOLTO. *Au jeu du désir: essais cliniques*. Paris: Éditions du Seuil, 1981, p. 139.

2 M. POROT cité dans L. CORMAN, *Psychopathologie de la rivalité fraternelle*. Bruxelles: Charles Dessart, 1970, p. 29.

3 E. ANTIER. *Dolto en héritage*. Paris: Éditions Robert Laffont, 2005, p. 121.

4 D. LAPORTE. *Du côté des enfants*. Montréal: Éditions de l'Hôpital Sainte-Justine, 1990, p. 72.

5 C. OLIVIER. *Les parents face à la violence de l'enfant*. Paris: Fayard, 2000, p. 78.

6 L. CORMAN. *Psychopathologie de la rivalité fraternelle*. Bruxelles: Charles Dessard, 1970, p. 25.

7   C. Brunet et A.C. Sarfati. *Petits tracas et gros soucis de 1 à 7 ans. Quoi dire, quoi faire.* Paris: Albin Michel, 1999, p. 261.

8   D. Laporte, *Op cit.*, p. 73.

9   C. Webster-Sratton. *The Incredible Years: Ttrouble Shooting Guide for Parents and Children Aged 3-8.* Toronto: Umbrella Press Publication, 2001, p. 193.

10 H. Ifergan et R. Etienne. *Mais qu'est-ce qu'il a dans la tête. Comprendre l'enfant de 0 à 7 ans.* Paris: Hachette Littérature, 2000, p. 246.

11 H. Ifergan et R. Etienne, *Op cit.*

12 H. Ifergan et R. Etienne, *Op cit.*

13 F. Dumesnil, *Questions de parents responsables.* Montréal: Éditions de l'Homme, 2004, p. 189.

14 F. Dolto, *Op cit.*

15 E. Antier, *Op cit.*

16 L. Nemet-Pier. *Mon enfant me dévore.* Paris: Albin Michel, 2003, p. 107.

17 A. Floret. *Des enfants bien dans leur peau. Conseils pratiques pour l'épanouisse-ment des enfants de 3 à 12 ans.* Paris: Flammarion, 2005, p. 138.

18 C. Webster-Stratton, *Op cit.*, p. 199.

19 C. Brunet et A.C. Sarfati, *Op cit.*, p. 252.

20 E. Antier, *Op cit.*, p. 122.

21 E. Antier. *L'agressivité.* Paris: Édition Bayard, 2002, p. 117.

22 D. Laporte, G. Duclos et L. Geoffroy. «C'est toi ma maman préférée», dans *Du côté des enfants.* Montréal: Éditions de l'Hôpital Sainte-Justine, 1990, p. 72.

23 L. Nemet-Pier, *Op cit.*, p. 97.

24 D. Laporte, G. Duclos, et L. Geoffroy, *Op cit.*, p. 71.

25 M. Lemay. *Famille, qu'apportes-tu à l'enfant.* Montréal: Éditions de l'Hôpital Sainte-Justine, 2001, p. 107.

CHAPITRE 10

La résolution de conflits

Résoudre des conflits, ça s'apprend

Qu'ils utilisent les coups, les morsures, la bousculade ou les cris, les enfants se disputent parce qu'ils ne connaissent pas d'autres façons d'obtenir ce qu'ils veulent. Il faut donc leur apprendre à régler leurs conflits de façon pacifique. Spivak et Shure[1] ont démontré qu'il est possible d'apprendre aux enfants à résoudre leurs problèmes. Lorsque les parents encouragent leurs enfants à négocier, ils favorisent chez leurs filles l'affirmation de soi. Quant aux garçons, on voit leur agressivité s'atténuer. En effet, ils se sentent reconnus dans leurs besoins et ont moins tendance à liquider leur colère auprès de leurs proches et de leurs camarades[2]. Les enfants qui sont capables d'envisager des solutions pacifiques à leurs problèmes évitent le rejet lié à l'utilisation de l'agression et sont recherchés et appréciés par les enfants de leur âge[3]. Cet apprentissage est un processus à long terme. Il requiert la pratique de nombreuses compétences, dans des situations diverses de la vie quotidienne et dans différents contextes. Pour certains enfants, qui ont tendance à céder, l'apprentissage permet l'affirmation de soi. Pour d'autres, il s'agit de leur enseigner à réfléchir à des solutions de rechange et aux conséquences de leurs gestes. Dans certains cas, particulièrement lorsque le même type de conflit resurgit, il peut être utile de réaménager l'environnement pour diminuer les chances que le conflit réapparaisse.

Structurer l'environnement pour réduire les occasions de disputes

Deux éléments sont à considérer : le local et le matériel pour jouer.

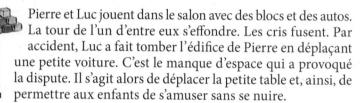 Pierre et Luc jouent dans le salon avec des blocs et des autos. La tour de l'un d'entre eux s'effondre. Les cris fusent. Par accident, Luc a fait tomber l'édifice de Pierre en déplaçant une petite voiture. C'est le manque d'espace qui a provoqué la dispute. Il s'agit alors de déplacer la petite table et, ainsi, de permettre aux enfants de s'amuser sans se nuire.

Adeline met soigneusement en place tous ses personnages dans leur maisonnette. Elle imagine un scénario précis qu'elle pourra mettre en œuvre en revenant de l'école. Durant la journée, sa petite sœur Sarah réaménage, déplace les personnages et les meubles miniatures. Adeline explose en découvrant ce désordre. Elle a tout détruit, s'écrit-elle, en balayant de la main les morceaux de casse-tête de la cadette. En mettant à la portée d'Adeline une étagère ou une table haute hors d'atteinte de Sarah, on évitera ce genre de situation.

Certaines activités facilitent le partage : les jeux moteurs, le bricolage, la construction avec des blocs, le déguisement. Par contre, d'autres jeux suscitent davantage de conflits, particulièrement chez les petits de 2 ans qui ont de la difficulté à partager.

Juliette et Charlotte, 18 mois et 2 ½ ans, adorent se bercer. On assiste donc à de nombreuses disputes pour savoir qui aura accès à la chaise berçante. L'ajout d'un autre jouet à balancement ou l'introduction d'un nouvel élément stimulant l'intérêt de l'une d'elles diminuerait sûrement le nombre de conflits.

Des compétences à développer

Régler un conflit lorsqu'il explose requiert du temps et de l'énergie. Les parents expriment souvent leur désarroi devant la récurrence des conflits qui sont difficiles à résoudre, surtout lorsque les versions des faits divergent et qu'il est impossible de savoir qui a raison. C'est pourquoi l'approche préventive, qui vise l'apprentissage des compétences, demeure une avenue intéressante. D'ailleurs, cette approche a fait ses preuves en milieu scolaire, car on a vu s'améliorer le climat en classe et dans la cour d'école[4].

Maxime se balade sur sa trottinette. Éloi s'approche, tente de le déloger. Les deux garçons crient « À moi ! » Une bousculade s'ensuit.

Pour régler ce différend, il faut mobiliser plusieurs habiletés. D'abord, **se calmer** et **s'arrêter** pour pouvoir **écouter l'autre** et être capable **d'exprimer** ses envies, ses sentiments. Pour échanger verbalement avec l'autre, il faut aussi être capable de pratiquer l'alternance dans les **tours de parole**. Pour en venir à trouver une solution pacifique, il faut savoir **reconnaître les conséquences** que les gestes ont sur l'issue du conflit et sur l'autre, et comprendre ce **que les autres ressentent**. Mais avant tout, il faut prendre conscience du fait que l'usage de l'agression n'est pas approprié, qu'il y a **un problème** et qu'on doit en comprendre **la nature**. De plus, la compréhension de certains **concepts** facilite la recherche de solutions acceptables.

Le processus de résolution de problèmes s'appuie sur certains concepts de base du langage[5], comme « c'est » et « ce n'est pas » (« c'est une bonne idée », « ce n'est pas une bonne solution »), « même » et « différent » (« c'est le même jouet », « il est différent », « il ressent une émotion différente »). Les notions comme « si », « alors » ou encore « parce que » et « peut-être » se rapportent aux relations de cause à effet. (« Il m'a frappé parce que j'ai pris son jouet », « peut-être que c'est un accident »). Sans oublier les mots qui expriment des émotions favorisant la conscience de soi et des autres. À ce propos, Farzaneh Pahlavan[6] souligne l'importance du développement de la reconnaissance et de la prise en compte du point de vue de l'autre, de ses sentiments. «Les enfants qui ressentent de l'empathie ou de la sympathie envers les autres semblent développer des stratégies comportementales plus adaptées sur le plan social et mieux réussir leur parcours scolaire.»

Les adultes peuvent enseigner ces habiletés aux enfants, d'abord en offrant des modèles de négociation pacifique. En effet, les recherches[7] démontrent que les enfants ayant observé des adultes discuter et résoudre ainsi leurs conflits développent, par imitation, des compétences en ce domaine et, de surcroît, voient diminuer leur stress associé aux conflits. L'utilisation du « se parler à voix haute» (*self-talk, private speech*) peut aussi aider l'enfant à reproduire cette stratégie et, ainsi, diminuer l'anxiété devant une tâche difficile ou un conflit. On peut d'ailleurs observer des petits âgés entre 2 et 3 ans utiliser cette méthode pour se contrôler ou résoudre un problème[8].

La maman de Suzie profite d'une situation courante de la vie pour enseigner à sa fille à rester calme afin de trouver une solution. Elle cherche ses clés de voiture et exprime à voix haute ce qu'elle ressent et pense. « Je ne trouve pas mes clés de voiture. Je suis déjà en retard. Bon, je respire trois fois. Il ne faut pas que je m'énerve. Je vais réfléchir. Où donc les ai-je déposées ce matin? Peut-être qu'elles sont dans mon autre manteau, peut-être les ai-je laissées sur la porte. Je vais aller voir. Hier, je les avais laissées sur la table de cuisine. Eh oui, elles sont là. J'ai bien fait de me souvenir qu'hier je les avais laissées sur la table. »

Une autre méthode d'enseignement consiste à aider l'enfant à se souvenir des stratégies qui se sont déjà avérées efficaces. En voici un exemple : Suzie, 4 ¼ ans, éprouve de la difficulté à ranger ses jouets dans le coffre. L'espace manque et elle s'exaspère. Sa maman lui rappelle ce qu'elles ont fait ensemble ce matin pour ranger les plats de plastique dans l'armoire. Nous avons mis les petits plats dans les plus gros. Suzie dépose les vêtements de poupée dans la valise et réussit. Sa mère lui fait remarquer les bons résultats: « Tu vois: tu as réfléchi et tu as trouvé dans ta tête comment faire. Bravo! »

Au fil de la vie quotidienne, il est facile d'encourager les enfants à considérer le point de vue de l'autre. L'échange des rôles lors des jeux de « faire semblant » permet à l'enfant de comprendre que les besoins et les émotions des autres peuvent être différents des siens. Jouer à la maman ou au papa, c'est se confronter parfois à des bébés qui pleurent ou qui n'obéissent pas. Jouer au bébé, c'est prendre conscience de sa dépendance, de ses limites. Les marionnettes, les contes ou les émissions de télévision peuvent aussi susciter des discussions sur les personnages, leurs émotions, leurs actions. De plus, en invitant les enfants à donner leur opinion sur une situation, les parents encouragent non seulement l'affirmation de soi, mais aussi une réflexion essentielle pour résoudre des conflits.

La discussion de problèmes hypothétiques permet à l'enfant d'une part d'envisager des solutions, d'imaginer ce qu'il pourrait ressentir et d'évaluer les conséquences de ses gestes et, d'autre part, de choisir la meilleure solution possible.

Voici quelques exemples du jeu « Imagine » que l'on peut généralement proposer à un enfant de 4 ans.

1. Imagine que tu as fait de belles fleurs en papier pour maman et que ton petit frère tente de les prendre pour jouer.

   - Comment te *sentirais-tu*? « Triste, fâché. »

   - Qu'est-ce que tu *pourrais faire*? « Crier, frapper, pleurer. Demander de l'aide. Lui proposer un autre jouet. L'inviter à bricoler. »

- Si tu *décidais* de pleurer, qu'est-ce qui pourrait arriver? « Mon petit frère aurait peur que mes parents arrivent et il arrêterait, ou bien mes parents viendraient l'arrêter. »
- Si tu *décidais* de le frapper, qu'est-ce qui pourrait arriver? « Je me ferais punir par mes parents et mon frère détruirait mon bricolage. »
- Si tu *décidais* de proposer à ton frère de bricoler avec toi, qu'est-ce qui pourrait arriver? « Il laisserait mes fleurs et il voudrait bricoler avec moi. Il aime beaucoup jouer avec moi. »
- D'après toi, *laquelle* de tes idées est la meilleure solution? On invite l'enfant à considérer les conséquences. Est-ce dangereux? Est-ce que c'est juste? Comment te sentirais-tu? Comment l'autre se sentirait-il?

2. Imagine qu'il reste un morceau de gâteau et que toi et ton frère désirez en manger.
   - Comment te *sentirais-tu*?
   - Que *pourrais-tu faire*? « Offrir de partager, grimper sur une chaise et prendre l'assiette. Demander à maman de me le donner juste à moi. Offrir mes biscuits et prendre le gâteau ».
   - Si tu *décidais* telle ou telle option… qu'est-ce qui pourrait arriver?
   - Que *choisis-tu*?

3. Imagine que tu veux aller sur la balançoire, mais que ton frère y est déjà installé depuis un bon moment.

4. Imagine qu'un ami de la garderie te taquine en touchant tes cheveux.

5. Imagine que tu demandes à Sarah de jouer avec toi et qu'elle refuse.

On trouvera quelques stratégies de résolution de conflits chez les petits dans le tableau suivant intitulé « Stratégies de résolution des conflits chez les petits ». Le jeu de « Imagine » permet à l'enfant d'apprendre à réfléchir aux solutions sans être submergé par les émotions intenses que fait naître en lui la frustration d'un conflit réel.

TABLEAU 8

Stratégies de résolution des conflits chez les petits

1. Dire « Non » ou « Je veux » ou « À moi ».
2. Exprimer ce que je ressens.
3. Demander de l'aide à un adulte.
4. Proposer un autre jouet à celui qui possède l'objet convoité (faire du troc).
5. Proposer une autre activité à l'enfant qui convoite le jouet d'un autre.
6. Partager (le jouet, l'activité, l'adulte ou l'espace).
7. Demander et attendre que le jouet ou la place soit disponible.
8. Jouer chacun son tour (alternance).
9. Jouer ensemble.
10. Se calmer en respirant.
11. Se retirer pour jouer seul.
12. Se choisir un nouvel ami pour jouer.
13. Négocier (si tu... si je...), à ne pas confondre avec la menace.
14. Hasard (on tire au sort pour déterminer le premier joueur).
15. Excuses et réparation.

Voici un type d'activité qui permet de développer la capacité à résoudre pacifiquement un conflit. Il s'agit du jeu « Raconte-moi l'image » qui fait appel à l'attribution causale, c'est-à-dire à l'intention que l'on attribue à quelqu'un dans une situation. Si l'on juge que la personne impliquée dans le conflit nous est hostile, il est fort probable que nous aurons tendance à utiliser la riposte, plutôt que de chercher à négocier une solution. Par exemple, plusieurs enfants s'amusent dans la cour extérieure. L'un d'eux reçoit un ballon dans le dos. S'il interprète ce geste comme intentionnel ou hostile (il a fait exprès, il veut me faire mal), il aura tendance à rendre à l'autre la monnaie de sa pièce en le poussant. Par contre, il réagira autrement s'il pense qu'il s'agit d'un accident ou d'un geste maladroit de la part d'un petit. Il est pertinent d'éveiller les enfants aux hypothèses qui peuvent expliquer un geste en analysant avec eux des images tirées d'un livre ou d'un film. Par exemple, on montrera à l'enfant l'image d'un garçon en patins à roulettes qui est tombé et, à côté de lui, un autre enfant qui lui prend le bras[9]. On demande à l'enfant ce qu'il pense qui est arrivé. On peut envisager plusieurs hypothèses : peut-être qu'il est tombé parce que c'est la première fois qu'il fait du patin à roulettes, peut-être qu'il est tombé parce qu'il y avait un trou dans la chaussée, peut-être qu'il est tombé parce que l'autre enfant l'a poussé (réponse la plus fréquente), peut-être que l'autre enfant l'aide à se relever. Cet exercice aide les enfants à considérer les situations sous différents angles.

Enfin, on sait qu'un « enfant qui peut penser à cinq manières d'obtenir ce qu'il veut montrera généralement un comportement plus acceptable socialement qu'un enfant qui peut trouver une ou deux manières d'obtenir ce qu'il veut[10] ».

En aidant l'enfant à diversifier ses stratégies, nous lui donnons des outils pour faire de lui un bon négociateur. De nombreuses situations quotidiennes s'offrent à nous pour la pratique de cet exercice.

Éliane bricole un bonhomme de neige en papier et s'aperçoit que son bâton de colle ne fonctionne plus. Elle demande alors à son père de lui en donner un, mais lui non plus n'a pas de bâton de colle. Il demande à sa fille : « Qu'est-ce qu'on pourrait faire pour que le corps du bonhomme tienne sur la feuille ? » « Est-ce que tu connais autre chose qui pourrait faire

tenir deux morceaux ensemble, comme la colle du bâton ? »
Ils explorent ensemble d'autres avenues : colle liquide, papier
gommé, brocheuse, gommette, colle fabriquée avec de la
farine.

Mathieu mange de la neige. Ses parents le réprimandent.
« C'est parce que j'ai soif », répond-il. Son père lui explique :
« Nous sommes venus glisser au parc et il n'y a pas d'eau
au parc. Qu'est-ce qu'on peut faire ? On peut boire de l'eau de
la bouteille dans mon auto. On peut aller boire un verre de
lait au chocolat après la glissade. On peut s'en aller tout de
suite. Qu'est-ce que tu choisis ? »

Donc, il est possible d'aider les enfants à développer les compétences nécessaires pour résoudre des conflits au quotidien,
en dehors d'un contexte conflictuel :

- en offrant aux enfants un modèle pour résoudre les conflits
  de façon pacifique ;
- en pratiquant le « réfléchir à voix haute » ;
- en faisant appel à la mémoire de l'enfant quant aux stratégies efficaces qu'il a déjà observées ou utilisées ;
- en encourageant les enfants à considérer le point de vue de
  l'autre ;
- en invitant les enfants à donner leur opinion ;
- en discutant de problèmes hypothétiques
  (jeu du « Imagine ») ;
- en l'aidant à considérer une situation sous différents angles
  (jeu du « Raconte-moi l'image ») ;
- en l'aidant à diversifier ses stratégies.

La résolution de conflits avec les petits de *moins* de 3 ans

Bien qu'il soit irréaliste d'attendre d'un petit de 2 ans qu'il pratique la résolution de conflits en identifiant le problème et en jaugeant de la pertinence des stratégies, il est possible de jeter des bases pour développer avec le trottineur ses compétences de futur négociateur. Nos objectifs consistent essentiellement à apprendre peu à peu le partage et à montrer aux enfants à résoudre les conflits de façon pacifique. En observant des petits de moins de 2 ans, on s'étonne des habiletés de certains. Les petits imitent avec succès la pratique du troc qu'ils voient fréquemment utilisée par les éducatrices. Ainsi, Cléo donne une poupée à Rosalie pour obtenir le biberon et nourrir son toutou. Entre 1 et 2 ans, les enfants sont capables de demander l'aide de l'adulte pour résoudre un problème[11].

Aider les petits à acquérir des compétences

Pour négocier, il faut pouvoir décider quelle solution est la bonne. Il est donc possible de mettre en place des situations où l'enfant doit faire des choix simples. À 15 mois, on lui demande de choisir entre un verre transparent et un gobelet, à 18 mois on lui demande s'il préfère être pris dans les bras ou marcher vers son lit… Toutes les situations sont bonnes pour pratiquer la prise de décision. Vers l'âge de 2 ans, on peut aussi introduire des choix concernant des objets que les enfants ne voient pas. Lorsque Gabriel tend la main vers le gobelet coloré, sa maman lui dit : « Tu préfères le gobelet, c'est ça que tu as choisi. » « Tu as décidé de marcher. » L'enfant prend alors conscience qu'il existe des solutions de rechange, il réfléchit et choisit.

Lors du processus de négociation, on est appelé à dire ce que l'on ressent et à écouter ce que ressent l'autre. Familiarisez le petit avec la variété des émotions : joie, tristesse ou colère.

Faites-lui observer les larmes du bébé qui est triste, les cris de joie de Samuel ou encore les yeux fâchés et sévères de papa ours, dans l'histoire. Ainsi, vous l'aidez à développer sa sensibilité à l'autre.

Pour résoudre un problème, on doit imaginer différentes options, trouver de bonnes idées. Proposez des solutions créatives aux jeux de votre enfant. De 2 à 3 ans, il se montre de plus en plus capable de mémoriser des informations de sources variées[12]. Mathilde, 2 ½ ans, veut une couche pour sa poupée, mais Anne l'utilise déjà. Sa mère lui demande ce qu'elle pourrait prendre pour faire semblant de langer son bébé, peut-être le foulard blanc ou encore la petite couverture, peut-être que son bébé veut essayer le petit pot? Pour développer la pensée causale, faites observer à l'enfant les conséquences de ses choix, en nommant ce qui se passe concrètement. Pour jauger de l'efficacité d'une solution, il faut pouvoir prédire son effet, ses conséquences. Observez avec l'enfant les conséquences des comportements différents. «Regarde, Antoine a enlevé le jouet de Nicolas. Nicolas est fâché et il pleure. Regarde, maintenant la maman redonne à Nicolas son jouet.»

Lorsque le conflit éclate entre les petits, l'adulte doit s'approcher rapidement et calmement, signifier son désaccord et arrêter les gestes agressifs. La deuxième étape[13] consiste à reconnaître et à nommer les sentiments des enfants. Afin de mieux définir le problème, l'adulte cherche à obtenir de l'information. Que s'est-il passé? Chez les poupons et les trottineurs, ces réponses sont souvent exprimées par des gestes: pointer pour exprimer une demande, tapoter la poitrine de la main pour dire «à moi» ou agripper le jouet pour indiquer son désir de possession. L'adulte reformule alors le problème et propose des solutions, ou demande aux enfants s'ils ont des solutions à proposer. Le troc, le partage avec alternance des tours, l'expression verbale de la demande, voilà autant de solutions adaptées aux petits.

L'utilisation de la minuterie pour obtenir son tour est parfois nécessaire pour aider l'enfant à tolérer l'attente.

Lorsque la dispute implique des poupons, l'adulte peut distraire le bébé en proposant un autre jouet ou une autre activité. Il est nécessaire d'assurer un suivi auprès des petits en les félicitant et en attirant leur attention sur l'issue heureuse du conflit.

Estelle, 18 mois, s'amuse à déposer des blocs dans un contenant. Benoît, 15 mois, veut aussi remplir ce contenant. Estelle agrippe alors le contenant en criant « À moi ! » Benoît pleure en tirant le contenant et, par le fait même, bouscule sa cousine qui riposte. La mère de Benoît s'approche calmement, se penche vers les enfants et dépose une main sur l'épaule de l'un et de l'autre. « Je n'aime pas ça quand il y a de la bousculade. J'ai peur que vous vous blessiez. Benoît, tu es triste, tu pleures et toi, Estelle, tu es fâchée. » Les enfants se calment un peu. « Dites-moi ce qui se passe. » Estelle tient fermement le contenant en disant « À moi ! » Benoît tire le contenant en regardant sa mère. « Je pense qu'Estelle et Benoît, vous voulez tous les deux jouer avec les blocs et le contenant. Laissez-moi tenir le contenant et on va trouver ensemble une solution pour que vous soyez tous les deux heureux. » Estelle prend une jolie boîte et la tend à son cousin. Benoît accepte. L'adulte lui demande : « Veux-tu jouer à mettre des blocs dans la boîte ? Et toi Estelle, tu as beaucoup de blocs, est-ce que tu veux en laisser à ton cousin et garder ton contenant transparent ? Bravo ! Vous avez trouvé une solution à votre problème. » Elle félicite les enfants qui, cinq minutes plus tard, s'amusent encore l'un à côté de l'autre.

D'autres solutions auraient pu être proposées aux bambins : que l'adulte trouve un autre contenant et de petits objets à mettre dedans, que l'adulte montre aux enfants comment déposer les blocs chacun leur tour, qu'une minuterie indique le tour de chacun ou encore que l'adulte prenne la main de Benoît en lui suggérant de jouer à autre chose avec elle. Il est important de prévoir ce que va faire celui qui attend son tour durant cette période.

La résolution de conflits avec les petits de *plus* de 3 ans

Ce n'est que vers l'âge de 4 ans[14] que les enfants peuvent apprendre les étapes de la résolution de conflits, mais les enfants de 3 ans ont des compétences linguistiques qui leur permettent tout de même de participer activement à la définition du problème. C'est toutefois un grand défi pour eux d'écouter les besoins et les émotions des autres. Quant aux enfants de 4 ans, ils savent exprimer ce qu'ils veulent, ils écoutent l'autre, mais ils ont parfois recours aux menaces (si... je ne jouerai plus avec toi, si... tu ne seras plus mon ami) et à l'agression (pousser l'autre pendant qu'il s'exprime). Vers 4-5 ans, à l'expression de soi, à l'écoute de l'autre se juxtapose progressivement la capacité de concevoir des solutions de façon autonome, dans la mesure où l'enfant a eu la chance d'observer et de pratiquer des stratégies de résolution de conflits avec l'aide d'un adulte. De plus, entre 4 et 6 ans, les enfants comprennent que les autres peuvent penser et ressentir d'une façon différente d'eux[15].

Il existe plusieurs modèles de résolution de conflits. La plupart des modèles reprennent les étapes suivantes :

1. définir le problème ;
2. trouver des solutions ;
3. anticiper les conséquences ;
4. choisir une solution ;
5. évaluer les résultats après la mise en œuvre de la solution choisie.

Aline, 4 ½ ans, s'est installée avec sa poupée dans le salon, sur le divan. Elle occupe presque toute la place. Son frère de 6 ans, Nicolas, veut écouter une émission de télévision. Il étend ses jambes sur le divan et fait tomber la poupée. Aline se fâche, étend ses jambes et donne un coup de pied sur son frère qui riposte vigoureusement. Aline pleure. Nicolas la traite de « bébé ». Maman arrive.

Maman : *Qu'est-ce qui se passe ?*

Aline pleure et crie : *C'est pas vrai, je ne suis pas un bébé.*

Maman suggère à Aline de respirer pour se calmer et qu'on puisse se parler.

Maman : *C'est bien Aline. Maintenant, dites-moi ce qui s'est passé. Un à la fois.*

Nicolas : *Aline prend toute la place. Je ne peux pas écouter mon émission de télévision.*

Aline : *Nicolas a fait mal à mon bébé avec ses pieds. J'étais là avant lui.*

Nicolas : *Aline m'a donné un coup de pied.*

Aline : *Tu ne voulais pas te pousser. Il m'a traitée de bébé.*

Maman : *Aline, tu es triste parce que ta poupée est tombée et ça te fâche quand il te dit « bébé ». Et toi Nicolas, ça t'embête que ta sœur prenne toute la place sur le divan durant ton émission préférée. Tous les deux vous voulez occuper le divan, mais avec la poupée et les jambes de Nicolas, ce n'est pas possible. Moi, je n'accepte pas que vous vous poussiez ou donniez des coups. J'ai peur que vous vous fassiez mal. Qu'est-ce que vous pourriez imaginer pour faire tous les deux votre activité sans vous disputer.*

Nicolas : *Aline pourrait aller jouer dans sa chambre.*

Aline : *Non, je veux coucher mon bébé ici. Nicolas pourrait aller sur le fauteuil pour écouter la télévision.*

Nicolas: *Non, je ne vois pas bien l'écran lorsque je m'assois là. Qu'elle y aille, elle, sur le fauteuil avec son bébé, il y a assez de place pour coucher sa poupée.*

Aline: *Il y a un autre téléviseur dans le sous-sol.*

Nicolas: *Non, je veux rester ici. J'aime pas ça être tout seul en bas. C'est pas une bonne idée. Si Aline s'assied au bout du divan avec sa poupée sur ses genoux, je pourrais mettre mes jambes comme ça (en pliant les genoux).*

Maman: *Vous pouvez essayer pour voir s'il y a de la place. Peut-être que ton bébé dormirait mieux dans les bras de sa maman.*

Aline: *Oui, c'est O.K. Ma poupée va dormir dans mes bras.*

Maman: *Bravo, vous avez trouvé une solution. Je suis dans le bureau si vous avez besoin de moi.*

La mère aurait pu suggérer d'autres solutions. Par exemple: « Vous souvenez-vous comment votre père et moi, nous nous installons sur le divan pour écouter un film? » Ou encore elle aurait pu enlever des coussins pour libérer de l'espace. En disant qu'elle demeure disponible, la mère encourage ses enfants à la solliciter plutôt qu'à régler les conflits violemment. Avec la pratique, les enfants utiliseront peu à peu les étapes sans son aide.

Les erreurs courantes des adultes médiateurs

Le désir d'éviter les disputes dans la famille amène parfois le parent à régler promptement le problème en disant à l'enfant quoi faire. Pour apprendre, les enfants ont certes besoin de guide et de soutien, mais ils doivent aussi avoir l'occasion de penser par eux-mêmes. L'enseignement a d'abord pour objectif d'aider les enfants à pratiquer et à savoir comment réfléchir et non à quoi réfléchir. Donc, l'essentiel réside dans le processus réflexif et non dans le résultat de cette réflexion. Plus les enfants s'approprient le processus, plus ils se sentent à l'aise et aptes à utiliser les stratégies et les étapes. Celles-ci deviennent alors spontanées et s'exercent de façon autonome. La démarche suppose donc d'abord que l'enfant exprime lui-même son opinion sur la situation conflictuelle, afin d'éviter une mauvaise interprétation de l'adulte. Cela exige aussi une écoute bienveillante de la part de l'adulte qui, bien que les idées puissent lui paraître saugrenues, doit les analyser plutôt que les rejeter.

Par exemple, si un enfant suggère de pousser celui qui occupe une place qu'il convoite, l'adulte évitera de rejeter cette idée à priori. Il explorera plutôt la suggestion avec l'enfant. « Si tu pousses Alix, qu'est-ce qui se passera ? » ou « Que va-t-il faire ? » L'enfant prend alors conscience de l'impact du geste proposé et tente de trouver une autre idée. Cet exercice développe sa capacité à anticiper les conséquences des solutions qu'il envisage. D'ailleurs, les enfants apprennent davantage les effets de leurs choix lorsqu'on leur en laisse vivre les conséquences (sauf dans les cas où le résultat pourrait être dangereux) et qu'on leur explique ce qui s'est passé. Les recherches[16] démontrent que les parents permissifs, ceux qui évitent à leurs enfants de vivre les conséquences de leurs gestes posés à l'école ou de faire assumer par les enfants les représailles imposées par les autorités policières ou scolaires, contribuent au développement de la délinquance de leur enfant. Par contre, il est préférable d'éviter les réprimandes lorsqu'il est impossible d'en connaître l'auteur. « Je ne sais pas qui a commencé ou qui a fait telle chose. Mais qu'allons-nous faire maintenant pour arrêter la dispute ou pour réparer le dégât ? » Chercher le coupable ne favorise pas la recherche de résolutions au problème. D'ailleurs, la question « pourquoi » souvent utilisée oriente parfois la discussion vers des attitudes défensives, alors que de parler de ce qui s'est passé invite à l'énoncé des faits et des perceptions de la part de chacun. Il faut éviter aussi de prendre parti en cherchant une solution pour un des deux enfants. On évite ce piège en interpellant les deux à tour de rôle, lors de situations conflictuelles.

Les parents ont de nombreuses occasions de soutenir leurs enfants dans ce processus de résolution pacifique de conflits. Les deux plus grands obstacles à ce processus sont le manque de disponibilité des adultes et l'humeur, bonne ou mauvaise, des enfants et des adultes. En effet, il est peu réaliste d'imaginer qu'à chaque conflit, les parents entreprendront systématiquement une démarche de négociation. Notre rythme de vie effréné gruge trop notre temps et parfois même notre patience pour arriver à cela. En outre, si les enfants sont d'humeur difficile ou s'ils sont trop énervés, il vaut mieux prévoir un temps d'arrêt pour se calmer et faire un retour après la tempête en leur demandant ce qu'ils auraient pu faire d'autre que de se bagarrer. Quoi qu'il en soit, chaque observation ou occasion de pratiquer dont l'enfant bénéficie lui sert de modèle et de référence, pour apprendre à connaître l'approche pacifique de gestion de conflits.

Notes

1   E. CRARY. *Négocier, ça s'apprend tôt. Pratiques de résolution de problèmes avec les enfants de 3 à 12 ans.* Université de Paix, 2001, p. 31.

2   Paul D. STEINHAUER. « L'influence de l'expérience en bas âge sur le développement de l'enfant » *Interaction* printemps 1999, vol 13, n° 1.

3   J. COOPER. *Mon enfant s'entend bien avec les autres.* Paris : Marabout, 2006.

4   BONIN, DESBIENS, RONDEAU et OUIMET (2000) cités dans P. Charlebois, J. Gauthier et A. Rajotte. *Stratégies psychoéducatives pour enfants hyperactifs, inattentifs et autres.* Montréal : Éditions Brault et Bouthillier, 2003.

5   M.B. SHURE. *I Can Problem Solve - An interpersonal cognitive problem solving program.* Research Press, 1992.

6   F. PAHLAVAN. *Les conduites agressives.* Paris : Armand Colin, 2002, p. 189.

7   C. WEBSTER-STRATTON, C. *The Incredible Years, A Trouble Shooting Guide for Parents of Children Aged 3-8.* Toronto : Umbrella Press, 2001, p. 109.

8   S. LANDY. *Pathways to Competence. Encouraging Healthy Social and Emotional Development in Young Children.* Baltimore : Paul H. Brooks, 2002, p. 479.

9   Exemple tiré du programme *I Can Problem Solve* de M.B. Shure, *Op cit.*

10 E. CRARY, *Op cit.*, p. 31.

11 S. LANDY, *Op cit.*, p. 479.

12 S. LANDY, *Op cit.*, p. 479.

13 Étapes tirées de J. POST, M. HOHMANN, L. BOURGON et S. LÉGER. *Prendre plaisir à découvrir - Guide d'intervention éducative auprès des poupons et des trottineurs.* Montréal: Gaëtan Morin Éditeur, 2004.

14 SKA DENHAM et R. BURTON (2003), J. Cooper (2006), C. Webster-Stratton. (2001), *Op cit.*

15 S. Landy, *Op cit.*, p. 479.

16 LAMBOURN, MOUNTS, STEINBERG, DORNBUSCH (1991) cités dans S. Landy, *Op cit.*

Chapitre 11

Calme-toi !

L'enfant ne tient pas en place

Pour le petit, être en mouvement c'est être vivant ! C'est explorer activement son entourage et découvrir les autres avec son corps et ses sens. C'est d'abord par le mouvement que l'enfant acquiert des habiletés. Le fait de bouger et de se mouvoir raffine ses gestes, lui permet de mieux les coordonner. En saisissant les objets, d'abord maladroitement, puis en les relâchant, il apprend à les lancer, puis à les déposer. En courant, il renforce ses muscles et arrive à se tenir sur un seul pied, puis à sauter à pieds joints. Vers l'âge de 3 ou 4 ans, il coordonne mieux ses mouvements. En plus de rester un explorateur actif, il devient un être compétitif. Plus loin ! Plus vite ! Plus haut ! Désormais, l'enfant se compare et veut se distinguer.

Peu importe sa fatigue ou ses limites, l'enfant ne s'arrête pas. Bien qu'il souhaite, dès l'âge de 2 ans, agir de façon autonome, il a encore besoin de l'adulte pour freiner ses élans moteurs. Quelquefois, un seul regard réprobateur suffit à l'arrêter, car entre l'âge de 2 et de 3 ans, il commence à utiliser les indices sociaux pour réguler sa conduite. À cet âge, il peut généraliser les règles concernant les interdits relatifs aux objets[1], mais il éprouve de la difficulté à transposer une règle associée à une situation donnée. Ainsi, l'interdit visant l'accès à la manette de contrôle du téléviseur servira aussi pour limiter l'accès à celle de l'appareil vidéo. Par contre, l'enfant âgé de 24 à 36 mois comprend difficilement qu'il faut chuchoter lorsqu'on rend visite à grand-papa, assoupi à l'hôpital, même s'il le fait très bien à la maison, près du berceau de bébé. Pourtant, à l'âge de 4 ans, l'enfant dit spontanément et à voix basse : « Chut, grand-papa fait dodo. »

À 3 ou 4 ans, on observe des progrès dans la capacité de l'enfant à se maîtriser. Le petit utilise son langage intérieur pour se souvenir des règles, il essaie une ou deux solutions avant de réagir à la frustration. Sa capacité grandissante à s'évaluer lui permet de modifier et de réguler ses comportements.

Le fait qu'un enfant bouge et s'active est donc un signe de vitalité. Parfois, les élans moteurs des enfants s'accompagnent d'une excitation difficile à contenir, l'enfant étant habité par son émotion et encore trop immature pour dominer son exaltation ou sa frustration. Le développement des mécanismes d'autorégulation s'amorce à la fin de la première année et s'achève vers l'âge de 12 ans, quoique certains éléments continuent d'évoluer à l'âge adulte[2]. Cependant, les plus grands changements surviennent de 2 à 5 ans. Ces mécanismes d'autorégulation permettent à l'enfant de maîtriser ses impulsions, de tolérer certaines frustrations et d'attendre. Il est possible de stimuler le développement des habiletés qui sous-tendent cette maîtrise de soi, mais il faut d'abord faire prendre conscience à l'enfant qu'il peut et doit être maître de ses gestes pour entrer en lien avec autrui et jouir pleinement de la vie sans déraper.

Pourquoi manque-t-il de freins ?

L'excitation peut avoir différentes causes. La fatigue diminue la capacité d'écoute de l'enfant qui s'agite, comme un papillon, inattentif aux messages de l'adulte. Parfois, l'enfant devient survolté par la contrainte exercée par l'adulte qui exige de lui attention et immobilité. Il exprime alors sa tension en s'agitant et en criant. Le mouvement devient libérateur de tension. Édouard en est un exemple : cet enfant très moteur a besoin de toucher et de manipuler les objets pour bien les découvrir. Il se montre aussi très exubérant, il vit intensément toutes ses émotions et s'enthousiasme devant la découverte. Cependant, les activités proposées à la garderie (bricolage, conte, casse-tête) ne lui permettent pas de libérer son trop-plein d'énergie. Il sautille en se déplaçant, bouscule les enfants de son groupe en criant de plaisir à la sortie au parc. Il en est de même après les déplacements en voiture. Ces longues minutes qu'il passe assis se soldent par une course effrénée du stationnement jusqu'à la maison. Des exercices vigoureux lui permettront de canaliser son trop-plein d'énergie, d'être plus attentif. Le stress inhérent à notre rythme de vie influence aussi les enfants qui, comme des éponges sensorielles, captent l'énervement des parents et le reproduisent à leur façon. Dans des situations d'angoisse et d'insécurité, certains enfants réagissent par un excès d'agitation corporelle[3]. Déménagement, naissance, maladie, décès, conflits conjugaux ou conflits internes provoquent de l'insécurité chez l'enfant qui s'en défend ainsi.

 Louis observe sa maman en train de langer sa petite sœur. Dès que la mère se retourne et le regarde, il lance un jouet et court dans la maison. Elle le poursuit alors pour le réprimander. Il constate qu'elle court avec lui et il s'en amuse beaucoup. Sa maman dit de lui que rien ne l'arrête et qu'il l'épuise. Il a dû en inventer des trucs pour avoir son attention !

Certains enfants ont compris que leur excitation suscite l'intérêt des adultes, alors que les comportements moins dérangeants passent inaperçus. D'ailleurs, papa et les gens de la garderie ne le voient pas agir avec de tels comportements excessifs. Il ne s'agit donc pas d'une réaction à l'angoisse, mais bien d'une quête d'attention de la part de sa mère qui est bien occupée.

On a aussi constaté qu'un fonctionnement familial pas assez sécurisant ou sans règles stables porte les enfants à surréagir[4]. Les enfants cherchent alors à tester les limites pour s'assurer qu'il existe des balises parentales pour se protéger d'eux-mêmes et de l'environnement.

Sarah Landy soulève un constat issu de plusieurs recherches[5] : quand, pour obtenir l'obéissance, les mères exercent une discipline trop dominante, les enfants éprouvent de la difficulté à acquérir de la discipline. On peut supposer que pour agir, ils dépendent des réactions agréables ou désagréables de l'entourage. Ils ne développent pas une inhibition interne pour régir leur comportement puisque l'obéissance n'est pas conditionnée par des habiletés personnelles ou sociales, mais bien par la crainte des réprimandes. Au contraire, l'enfant doit prendre conscience qu'il peut devenir maître de son corps et non pas rester convaincu qu'il est maladroit et assujetti à ses impulsions.

Il ne faut pas oublier le développement fulgurant du cerveau durant les premières années de vie. Grâce à la réflexion, l'enfant en arrive à dépasser le cycle rapide d'émotion-réaction ou de frustration-réaction. En réfléchissant aux conséquences de ses actes, en anticipant les résultats de ses choix, en planifiant des stratégies efficaces, l'enfant arrive à dépasser le réflexe qui l'amène à agresser ou à s'agiter. Le processus de « câblages », de connexions neuronales se poursuit tout au long de la vie avec un maximum d'activités de 3 à 12 ans, parallèlement au mécanisme d'élagage qui permet d'éliminer les renseignements inutiles. Une zone du cerveau sert d'appui à la régulation des conduites : il s'agit de la partie frontale et préfrontale[6]. C'est dans cette zone frontale et préfrontale que se développent les fonctions exécutives qui concernent l'inhibition, la mémoire de travail et l'organisation des données permettant le choix d'une stratégie pertinente à l'émission d'une réponse adaptée[7]. Puisque nous avons recours à ces fonctions pour réfléchir à nos actions, leur immaturité explique le caractère rapide et impulsif des réactions des petits. Mais il est possible de proposer aux enfants des activités qui stimulent ces fonctions.

Enfin, il faut reconnaître que certains ont une propension à aller de l'avant, à agir spontanément et rapidement, tandis que d'autres ont plus de retenue et hésitent à agir. Le tempérament influence aussi la vitesse de réaction.

Le rôle des fonctions exécutives dans l'autorégulation des conduites

Ces fonctions servent à la gestion des conduites, tant dans les relations sociales que pour l'exécution d'une tâche. Jean Richard Séguin et Philip David Zelazo associent la diminution du recours à l'agression physique au développement des fonctions exécutives, car les enfants utilisent ces dernières pour régir leur conduite[8]. Non seulement les fonctions exécutives facilitent-elles la modulation des conduites, en coordonnant et en supervisant les efforts de planification, de maîtrise et de prise de décision de manière à produire un comportement adapté à une situation donnée, mais ces fonctions sont aussi reconnues comme facteurs de réussite scolaire au même titre que la maîtrise du langage[9].

Le contrôle de soi suppose une capacité à se maîtriser en agissant de façon autonome et en réfléchissant avant d'agir. Plusieurs fonctions sont touchées par ce processus.

Situation	Fonctions exécutives[10]
Éric rend visite à la caserne de pompier de son oncle Sylvain. Son oncle l'invite à explorer et lui demande en échange un beau dessin pour décorer son lieu de travail.	· Sélection d'un but
Éric est très excité; il a hâte de glisser sur le poteau de pompier et d'enfiler le costume de sapeur-pompier.	· Anticipation
Son père et son oncle l'aideront.	· Formulation d'hypothèse
Il veut tout voir: le vestiaire, le garage, les camions, le dortoir et, bien sûr, le bureau de son oncle.	· Planification d'étapes à suivre pour atteindre un but
Après il pourra choisir ce qu'il dessinera.	· Organisation de sa démarche/moyens pour atteindre le but
Papa et Éric arrivent à destination. Éric est très excité. Il court vers la porte de la caserne et y tambourine de ses poings. Son oncle le regarde par la fenêtre de la porte et lui dit qu'il ouvrira lorsqu'il cessera de frapper. Il faut être calme pour visiter le lieu de travail d'oncle Sylvain. Éric cesse, son père l'encourage à se calmer: «Mets les mains le long de ton corps pour t'aider à maîtriser les petites mains curieuses qui veulent toucher à tout.» Éric place ses mains dans ses poches.	· Capacité d'adaptation · Modifier ses façons de faire pour atteindre son but
C'est difficile, car il a bien envie de toucher aux grosses bonbonnes, mais lorsqu'il aperçoit le poteau de descente, il se précipite et regarde en bas.	· Inhibition (capacité à s'arrêter ou à se retenir)

«Oh! Que c'est dangereux! Si je glisse et je tombe, je me blesserai, comme l'autre jour dans le module d'exercice au parc. Non, ce n'est pas une bonne idée de me précipiter sur le poteau.»	· Anticipation du résultat · Mémoire de travail (rappel d'un événement passé)
Éric attend son oncle et poursuit la visite. Il s'installe à la table de cuisine pour dessiner un camion. Il cherche un crayon rouge, sans résultat.	· Autocritique
Il décide d'utiliser le crayon orange, puis le noir pour les roues du camion. Après, il fera les grandes portes.	· Résolution d'un problème · Planification
C'est difficile de continuer à dessiner quand les amis d'oncle Sylvain viennent le taquiner.	· Persévérance
Il remet son dessin, Sylvain l'affiche dans la cuisine. Tous les pompiers le verront. Éric est fier.	· Auto-évaluation

Grâce à ces fonctions, Éric a été capable d'inhiber un comportement inapproprié (frapper dans la porte), d'attendre la présence de son oncle pour poursuivre la visite, de planifier les étapes de son dessin, de se souvenir d'une blessure qu'il avait subie en se précipitant en bas d'un module d'exercice et de se servir de ce souvenir pour s'arrêter dans son désir de glisser sur le poteau de descente des pompiers.

L'autorégulation permet donc aussi de gérer volontairement son attention en se concentrant malgré les distractions (régulation attentionnelle), de se maîtriser en inhibant un geste ou en le modifiant (ne pas toucher ou marcher au lieu de courir) et de choisir une activité adaptée ou de faire une tâche déplaisante requise dans un contexte donné[11]. Cette maîtrise de soi exige un effort soutenu par la socialisation de l'enfant et la maturation du cerveau. C'est pourquoi nos exigences envers l'enfant doivent s'adapter à leurs capacités réelles pour ce qui est des habiletés de maîtrise de soi, les plus jeunes ayant davantage besoin du soutien d'un adulte pour y arriver.

Ainsi, la visite à la caserne des pompiers se serait probablement déroulée autrement si le petit invité avait eu 2 ans. Certes, à 2 ans, les bambins[12] sont capables d'attendre, ils peuvent demeurer calmes dans certaines situations, ils apprennent peu à peu à répondre aux demandes extérieures et ils tolèrent parfois les frustrations. Toutefois, il leur est toujours difficile (jusqu'à 3 ou 4 ans) d'inhiber une action face à quelque chose d'intéressant, de trouver des stratégies pour se contrôler, de maîtriser leurs pulsions agressives. Vers l'âge de 3 ou 4 ans, l'enfant résiste mieux à la distraction, il peut exécuter des consignes plus complexes (par exemple celles qui comprennent des étapes) et il est de plus en plus autonome pour trouver des solutions aux problèmes du quotidien. Sa capacité à accepter l'attente et les frustrations augmente. Cependant, plus la situation suscite d'émotions chez lui, plus l'enfant éprouve de la difficulté à réfléchir[13].

C'est pourquoi le bambin de 2 ans a besoin d'un frein extérieur pour ralentir son élan moteur lorsque, par exemple, il se précipite pour attraper le chien du voisin. Même un enfant de 3 ans et demi, quand il est excité par un jeu, a de la difficulté à baisser de lui-même son ton de voix.

Enseigner les habiletés de maîtrise de soi

Développer la maîtrise de soi, c'est stimuler les habiletés intellectuelles qui permettent de réfléchir avant d'agir. La réflexion s'appuie sur la capacité de l'enfant à se représenter mentalement une situation. Il est donc possible de mettre en place des situations d'apprentissage qui favorisent chez l'enfant le développement de stratégies de distanciation. Ce phénomène crée un écart entre la réalité immédiate, parfois excitante ou frustrante, et la réaction de l'enfant. Cela freine donc l'impulsivité ou la réponse non réfléchie.

De telles situations d'apprentissage visent[14] :

- la pratique des attributions causales (pourquoi ?) ;
- l'anticipation, la formulation d'hypothèse (que penses-tu qu'il va se passer... ?) ;
- l'émission de solutions de rechange afin de développer un répertoire varié de stratégies (qu'est-ce qu'on pourrait faire... ?) ;
- la mémorisation (te souviens-tu de ce qui est arrivé à Petit ours dans l'histoire ?) ;
- la planification (comment allons-nous faire... ?) ;
- l'évaluation ou la vérification (était-ce une bonne idée ?) ;
- la pratique du « penser tout haut » ;
- la pratique de modèles proposés par l'adulte (fais comme moi, tu sais lorsque je m'énerve trop, je m'assois et je respire) ;
- la capacité de décider, de faire des choix ;
- la classification (bonne idée ou non ?) ;
- l'expression de soi, de ses idées et de ses sentiments ;
- l'identification du problème (qu'est-ce qui ne va pas ?).

Pour amener l'enfant à répondre à ces questions, utilisez les situations de la vie courante, les contes, les marionnettes.

Reconnaître notre excitation : la première étape

La première étape consiste à faire prendre conscience à l'enfant qu'il est excité. La plupart des tout-petits ont de la difficulté à faire la distinction entre l'excitation et le calme. Parfois, courir c'est être excité, d'autres fois, c'est s'amuser. Ils ont besoin d'aide pour saisir les messages que leur corps leur envoie et ralentir leur petit moteur !

Combien de fois ai-je été témoin de la scène suivante : un enfant est invité à s'asseoir pour se calmer, mais il hurle à tue-tête en remuant frénétiquement ses pieds : « Je suis calme ! Je veux jouer maintenant ! » L'adulte doit aider l'enfant à reconnaître quand il doit ralentir. Voici quelques stratégies :

- Utilisez un stéthoscope jouet pour écouter son petit cœur emballé.

- Placez un papier-mouchoir devant sa bouche. La respiration fait danser le papier. L'inspiration l'attire vers la bouche, l'expiration le repousse légèrement. Plus la danse est rapide, plus grande est l'excitation.

- Faites remarquer à l'enfant que lorsqu'il court, tombe ou entre en collision avec des objets ou des personnes, c'est le moment de ralentir son « petit moteur ». C'est lui qui conduit « sa voiture » et qui peut en déterminer la vitesse.

- Observez sa façon de réagir à l'excitation : saute-t-il sur place, gambade-t-il dans la maison, a-t-il tendance à crier ou à lancer ce qui se trouve sur place ou encore à agripper très fort la personne qui se trouve à ses côtés ? Faites-lui remarquer : « Tu cours partout dans la maison, je pense que tu es excité parce que… »

- Enseignez à l'enfant que le fait d'être détendu signifie qu'il laisse son corps immobile et mou comme une poupée de chiffon ou une pâte à spaghetti cuite. On pratique alors la position crispée, raide, contractée de la poupée de plomb ou de la nouille non cuite, puis on alterne en adoptant la position molle et détendue de la poupée de chiffon, pliée et malléable, ou de la pâte molle cuite.

- Racontez à votre enfant votre façon toute personnelle d'exprimer votre excitation : « Moi, quand je suis excitée, je fais tout plus rapidement ou je dois en parler à mes amis. »

Apprendre à s'arrêter, à freiner ses élans moteurs

L'enfant exerce un premier réel contrôle sur son corps lorsqu'il devient propre. Avec le temps, il prend conscience que certains comportements sont acceptés et que d'autres sont rejetés, comme lancer des objets ou blesser l'autre. Cette intériorisation des règles sociales s'effectue progressivement et parallèlement à la capacité d'inhiber certains gestes : l'enfant apprend à s'arrêter, à s'asseoir et à parler à voix basse. Cependant, on ne peut s'attendre à ce qu'un petit de 2 ou 3 ans se raisonne et arrête de courir de lui-même. L'adulte doit lui rappeler de faire la tortue, de marcher en souris ou simplement lui mettre doucement la main sur l'épaule.

En premier lieu, les attentes doivent être claires. Le calme peut prendre différentes formes : s'asseoir au repas, marcher dans la maison, parler doucement ou s'allonger pour la sieste… Combien de fois ai-je entendu une éducatrice s'époumoner : « Calmez-vous, les amis ! » sans aucun résultat, alors qu'une autre réussissait à diminuer le bruit et l'excitation générale en demandant, avant le repas, aux enfants de s'asseoir et de placer la tête sur la table pour écouter « monsieur Silence » ; les enfants, attentifs, découvraient alors les bruits environnants ou encore la magie d'une histoire susurrée dans le silence.

Ouf, le calme ! Voici des moyens de le favoriser.

- Apprenez à l'enfant à exprimer ses sentiments pour éliminer la tension : « Justin, tu es tellement content d'aller au parc et moi aussi, youpi ! » Pour certains enfants, cela sera plus facile si on leur propose des gestes pour accompagner les mots : applaudissements pour « content » ou piétinements pour « fâché ».

- Prévenez l'« effet presto » : l'enfant se retient tellement pour bouger qu'il finit par exploser. Proposez des activités « tintamarre », des jeux d'eau, la manipulation de pâte à modeler ou de sable ou des activités de plein air.

- Aidez l'enfant à découvrir qu'il est maître de son corps et qu'il est capable de s'arrêter quand il le décide. Lorsqu'il court, faites-lui remarquer que son petit cœur bat vite, que ses jambes courent, que sa voix crie fort, que son souffle est rapide : « Tu es excité ». De retour à la maison, félicitez-le : « Tu as été capable de ralentir ton petit moteur. Tu marches lentement, tu parles doucement. Bravo, je vois que tu es capable de te calmer. » Proposez aussi des activités qui alternent activation et calme : le jeu de la voiture qui doit rouler au vert, ralentir au jaune et s'arrêter au rouge, ou encore le jeu de la statue, pendant lequel l'enfant danse, bouge et fait la statue au signal, ou le jeu du « Jean dit... », qui ordonne tour à tour de courir, de marcher ou de sauter, de s'immobiliser et de crier ou encore de chuchoter. N'oubliez pas de le féliciter : « Bravo, tu as été capable de t'arrêter. »

- Donnez l'exemple en montrant votre façon de vous calmer. « Ah ! Là, je suis énervée ! Il y avait beaucoup de circulation. J'ai besoin de silence ou de musique douce » ou « Je suis très en colère. Tu as fait une grosse bêtise. Laisse-moi me calmer. Je vais m'asseoir au salon pour respirer un peu et je viendrai te parler après. »

- Enseignez à l'enfant comment respirer lentement pour se calmer. Les images l'aident à retenir la technique : le papillon qui déploie ses ailes vers le corps puis vers l'extérieur, le ballon qui se gonfle ou se dégonfle ; les mains jointes sur la poitrine qui s'ouvrent à l'expiration. Pour illustrer le chemin de l'air, on peut déposer un petit bateau de papier sur le ventre de l'enfant étendu et l'inviter à faire voguer le bateau en inspirant et en expirant. Invitez l'enfant à souffler sur une balle de mousse, piquée de plumes et suspendue, en lui disant de souffler sur la balle de la douceur. Il voit concrètement l'effet du souffle sur la balle qui oscille et il ressent alors le bien-être et le calme apportés par la respiration.

Marian Marion[15] propose une stratégie reliée au pouvoir calmant du souffle, soit l'activité des vagues douces. Il s'agit de demander à l'enfant de créer des vagues douces dans un pot d'eau transparent.

Apprendre à attendre

L'attente fait partie de la vie familiale : lorsqu'on est à la caisse pour payer l'épicerie, lorsque le repas n'est pas tout à fait prêt, lorsque papa doit finir une activité avant de venir jouer ou lire un livre, lorsque maman doit passer un coup de fil avant de sortir au parc, lorsqu'on se retrouve dans la circulation.

Chez le nourrisson, seule la présence de la tétine ou du mamelon dans la bouche calme les pleurs et déclenche la succion. À 1 ou 2 mois à peine, le petit s'arrête de pleurer dès que sa maman le prend dans ses bras pour la tétée. Vers 4 mois, il arrête de pleurer pour son lait en entendant sa maman lui dire : « Je vais préparer ton biberon, mon petit lapin ! »

Même s'il est jeune, le bébé est déjà capable de percevoir les actions successives reliées à sa réalité. De son côté, sa maman exécute toujours les mêmes gestes dans le même ordre : quand son bébé pleure, elle change sa couche, lui promet son biberon, prend le biberon dans le réfrigérateur et le réchauffe, prend son bébé dans ses bras et lui donne le biberon. Le caractère stable et prévisible de cette succession d'actions permet à l'enfant d'anticiper la satisfaction de son besoin. En outre, le bébé acquiert un sentiment de sécurité et de confiance envers l'adulte, car il sait que son besoin de s'alimenter sera satisfait.

En même temps, il apprend déjà à attendre grâce à la prévisibilité de ces suites d'actions. Ainsi, à la garderie, on voit les enfants de 1 an s'approcher de leur chaise haute quand l'éducatrice commence à ranger les jouets, car ils savent qu'ensuite ce sera le moment de manger. Plus ces routines sont stables et prévisibles, plus l'enfant est capable de comprendre la notion d'avant et d'après.

Vers 18 mois-2 ans, quand il dit ses premiers mots, le jeune enfant commence à comprendre les notions d'avant et d'après : il devient capable de se représenter mentalement la réalité et d'ordonner les événements routiniers dans le temps. Par exemple, lorsqu'il joue à la maman qui lange son bébé, il se souvient comment ses parents ont pris soin de lui. Il parle à sa poupée, la berce, lui chante des berceuses, lui donne le biberon. Avec ce jeu, il effectue une série d'actions qui se suivent dans un ordre logique. Il est capable, vers l'âge de 4 ans, de comprendre ce qui vient en premier et en dernier. Quand on lui demande ensuite d'être premier, deuxième (après son frère, par exemple) pour faire une action, il est en mesure de le faire.

Bien que le tout-petit soit capable de prévoir une situation en observant les actions qui précèdent ou suivent un geste donné, il n'en demeure pas moins difficile pour lui d'en évaluer la durée exacte. La façon dont il perçoit la durée est influencée par ce qu'il ressent durant l'attente.

Avant l'âge de 7 ou 8 ans, au moment où il acquiert la pensée logique, l'enfant est incapable d'évaluer objectivement le temps en minutes, en heures, en jours, en mois et en années. Même après cet âge et durant l'âge adulte, la perception du temps varie selon les pulsions et les humeurs ressenties durant l'attente. Plus l'enfant aura à déployer d'efforts pour refréner ses pulsions, plus le temps d'attente lui semblera long. Il trouvera beaucoup plus difficile d'attendre son tour pour avoir accès à la nouvelle piscine à balles qu'à la glissoire dans la cour. De même, au moment du cercle avec les amis de la garderie, il sera plus impatient de raconter, après les vacances des fêtes, ce qu'il a eu comme cadeau à Noël que de parler de ses activités du dimanche le lundi matin. Toutefois, le second thème peut aussi susciter de l'impatience, selon les enfants. Par exemple, si l'un d'eux est allé à la pêche pour la première fois, il sera agité jusqu'à ce qu'il ait raconté ses aventures à ses amis. Même pour les adultes, une activité plaisante semble plus courte qu'une activité peu intéressante de même durée. Le temps est une perception subjective. Plus l'enfant est petit, plus cela est vrai.

Il a donc à considérer aussi bien la durée de l'attente que la *perception* de cette durée. Il faut alors regarder la nature de la demande. S'agit-il de l'expression d'un besoin auquel l'adulte doit répondre dans un temps raisonnable? Ou d'un désir auquel l'adulte peut répondre en faisant vivre une attente ou simplement refuser?

La petite Florence s'impatiente avant le repas, c'est peut-être sa façon d'exprimer sa faim. Si, après s'être vue offrir des crudités, elle réclame plutôt du gâteau au chocolat, sa maman n'est pas tenue de répondre à ce désir. Elle peut cependant parler de ce désir, ce qui ne dévalorise pas sa fille et lui permet d'imaginer le plaisir à venir: «C'est vrai, Florence, il sent bon, ce gâteau. Regarde, nous allons en couper un morceau pour ton dessert.»

Certains parents ne donnent pas vraiment l'occasion à l'enfant de s'habituer à attendre; comme ils ont affaire à peu d'enfants, ils ont souvent tendance à répondre immédiatement à leurs demandes. Ils confondent besoin et désir. De plus, dans notre société occidentale où jouets, vidéo et piscine abondent dans plusieurs familles, la pratique du partage et de l'attente pour obtenir quelque chose se fait rare. Or, attendre, ça s'apprend.

Devant l'impatience de l'enfant, il y a deux réactions extrêmes : réagir trop vite ou réagir trop lentement. Si les parents répondent trop rapidement aux désirs de l'enfant, ils l'empêchent d'apprendre à attendre et d'acquérir des mécanismes d'adaptation utiles. En effet, dans la vie on obtient rarement ce qu'on désire sur-le-champ. En revanche, s'ils font attendre trop longtemps l'enfant, le désir de celui-ci risque de s'étioler, voire de s'éteindre. Nous nous souvenons tous d'avoir, dans notre enfance, longuement convoité quelque chose. Une grande partie de notre satisfaction ne s'est-elle pas construite dans notre imaginaire ? Lorsque, enfin, nous avons obtenu ce que nous voulions, notre plaisir n'a-t-il pas été accru par notre attente ? Lorsqu'on ne répond pas immédiatement à un besoin ou à un désir de l'enfant, il est bon, plutôt que de se contenter de refuser, de mettre des mots sur ce que l'enfant ressent. On peut lui dire, par exemple, « Je sais que tu es déçu parce que tu ne peux pas sortir jouer tout de suite, mais il faut d'abord que je finisse de nettoyer la table » ou « C'est difficile pour toi d'attendre, mais je sais que tu en es capable ». De même, si on ne peut offrir de bicyclette tout de suite à l'enfant, on peut lui demander de nous décrire celle qu'il voit dans ses rêves. Le fait de parler rend l'attente supportable pour l'enfant.

Ainsi, la maman ne frustre pas son enfant en terminant ses deux bouchées avant de servir le dessert ou en lui disant qu'elle ne peut l'écouter maintenant parce qu'elle parle à son conjoint. Au contraire, elle lui montre ainsi qu'elle le sait capable d'attendre. Il est aussi important d'offrir à l'enfant des repères temporels concrets pour mesurer le temps d'attente : « Je te lirai une histoire après cette émission », « tu pourras arrêter ta sieste quand la cassette sera terminée », « nous t'écouterons après Julie et avant Vincent », « tu peux jouer jusqu'à ce que la grande aiguille de l'horloge soit sur le chiffre trois », « regarde le calendrier, aujourd'hui, c'est à toi d'utiliser l'ordinateur, demain ce sera au tour de ton frère », etc. Ce genre de « soutien » aide l'enfant à structurer sa perception du temps, tout en lui donnant le sentiment que la répartition des tours est équitable. L'enfant se montre plus patient et capable de différer le plaisir immédiat lorsqu'il peut anticiper la satisfaction et évoquer mentalement la gratification pour l'obtention de ce qu'il désire.

Le parent peut suggérer à l'enfant de jouer à autre chose ou de s'occuper en attendant. D'ailleurs, des recherches[16] ont démontré que les enfants qui savent se maîtriser utilisent des stratégies pour se distraire de l'objet convoité, tandis que ceux qui possèdent moins d'habiletés à se maîtriser restent centrés sur l'objet désiré.

Certaines activités aident les enfants à attendre leur tour.

Attendre son tour

Activités

- Jeu de balle qu'on lance à tour de rôle (à toi, à moi, à deux personnes pour les petits de 2 ans et moins et à plusieurs pour les plus vieux).

- Minuterie bien en vue pour indiquer le temps qu'il reste à la période de jeu.

- Bricolage et collage avec un seul pot de colle pour les deux enfants de la famille ou partage de crayons de couleur (1 seul contenant).

- Jeu de cuisine où l'enfant nourrit à tour de rôle la poupée, l'ourson et le bébé.

- Jeu de quilles (bouteilles de plastique récupérées et balle), où les joueurs lancent la balle et replacent les quilles à tour de rôle.

Pour soutenir l'enfant et l'aider à accepter l'attente, le parent doit avant tout lui offrir un milieu stable et rythmé par les activités habituelles. De petits gestes simples, adaptés à l'âge de l'enfant, l'aident progressivement à apprendre à attendre.

Aider l'enfant à parler de son impatience, valoriser sa capacité à attendre, lui apprendre à apprivoiser l'attente, c'est lui donner des outils pour vivre en société. Que ce soit en attendant son tour pour se balancer ou en laissant un petit frère terminer son jeu avant de prendre le jouet convoité ou encore en patientant jusqu'à ce qu'un camarade lui cède la parole, l'enfant développe progressivement sa sensibilité à l'autre et découvre la notion de réciprocité.

Apprendre à écouter

Dans une conversation, il y a celui qui parle et celui qui écoute, donc qui attend son tour pour prendre la parole (alternance). L'écoute attentive s'accompagne généralement du regard, du contact visuel. Écouter est non seulement une compétence sociale essentielle au maintien des liens interpersonnels, mais c'est aussi une nécessité pour apprendre, en particulier en milieu scolaire.

John Cooper[17] parle d'un sondage réalisé auprès des professeurs et dans lequel 35 % d'entre eux « déclarent perdre d'une à quatre heures par semaine à cause des enfants qui n'écoutent pas ».

Devant un enfant qui n'écoute pas, nous devons d'abord nous demander s'il a des problèmes d'audition. S'il parle fort, ne réagit pas lorsque vous l'appelez, augmente le volume de la radio ou de la télévision ou se place très près de l'appareil, faites-le examiner en audiologie. Si, par contre, vous avez l'impression qu'il ne comprend pas des indications simples, bien qu'il soit attentif, consultez en orthophonie. Toutefois, ces difficultés ne touchent qu'une minorité d'enfants.

La famille de Juliette est réunie autour de la table pour le repas. Édouard, 6 ans, est en train de raconter un événement qui s'est produit dans la cour d'école. Du haut de ses 3 ans, Juliette s'écrie : « Moi aussi, je veux parler ! » Quand son père l'invite à attendre la fin du récit de son frère, elle se met à répéter « Papa, je veux parler ! » d'une voix de plus en plus stridente. Papa lui dit d'attendre, indique avec son index une minute et regarde intensivement Édouard en ignorant Juliette. Lorsqu'Édouard cesse de parler, son papa se retourne vers elle et lui dit : « Maintenant, je te regarde et je t'écoute. C'est à ton tour de parler. »

Cette attitude bienveillante d'écoute attentive offre un bon modèle à l'enfant. En le regardant quand il parle, en lui signifiant votre attention par des gestes ou des paroles encourageantes (hochements de tête : « Ah oui ! Et qu'as-tu fait ? »), vous lui montrez à quoi ressemble une écoute attentive.

Décortiquez votre demande en différentes étapes, afin de rendre plus claires vos attentes. Par exemple, lorsqu'on demande à l'enfant de se préparer pour manger, on souhaite qu'il cesse de jouer, qu'il se lave les mains et qu'il vienne s'asseoir à table. Il est d'ailleurs parfois nécessaire de féliciter l'enfant après l'exécution de chaque étape afin que celui-ci intériorise la consigne et l'exécute ensuite de façon autonome.

D'autres stratégies aident l'enfant dans la pratique de l'écoute et de l'attente du tour de parole.

Pratiques à l'écoute

- Faites de la lecture active d'histoires. Posez des questions (Qu'a dit le petit garçon ?).

- Utilisez des cassettes ou des CD reproduisant des sons d'animaux, de la nature, de bruits de la maison. Faites-lui deviner de quel son il s'agit. Certains de ces jeux contiennent aussi des images illustrant les sons. On peut faire le même jeu avec des bruits que vous produisez vous-même (taper dans les mains, ouvrir le réfrigérateur, faire sonner le réveil).

• Pratiquez les tours de parole au repas, en demandant systématiquement aux membres de la famille de raconter leur journée.

• Profitez des rassemblements d'enfants (fête, réunion familiale, séance de jeux entre voisins) pour demander à chaque enfant, à tour de rôle, quel est son repas préféré, son animal préféré ou tout autre sujet susceptible de l'intéresser. À l'occasion, utilisez le bâton de la parole pour indiquer celui qui a la parole.

• Demandez-lui de reproduire un rythme.

• Demandez-lui de répéter le dernier mot de votre phrase.

• Jouez au téléphone avec un téléphone-jouet.

• Lorsque l'enfant se montre trop excité, demandez-lui de répéter ce que vous venez de lui demander, félicitez-le s'il y arrive.

Stop! C'est assez! Réagir à l'excitation excessive

Étienne vient de recevoir un ballon sautoir. Son père lui explique que c'est un jeu extérieur et qu'il ne veut pas qu'il saute sur son ballon dans la maison. « Je veux juste essayer de m'asseoir dessus », réplique Étienne. « Tu peux t'asseoir, mais c'est interdit de sauter dans la maison. » Or, la tentation est trop forte, Étienne sautille entre les meubles du salon, puis dans le corridor. Son père lui ordonne d'arrêter tout de suite. « Je fais juste jouer », crie Étienne en s'élançant de nouveau et Hop! Hop! Hop! Il rit, s'amuse, s'excite, fait tomber une lampe, son front frôle la table de la salle à manger. Sa fébrilité est telle qu'il s'approche des escaliers du sous-sol. Rien ne l'arrête, ni même la possibilité de débouler dans les marches de l'escalier. Il n'est plus en possession de ses moyens. Son père se place devant lui pour l'arrêter. Il se contorsionne pour l'éviter et bondit de nouveau. Le rappel à l'ordre n'a pas suffi, il se désorganise. Il faut alors retirer le ballon, l'inviter à se calmer dans un coin repos désigné, lui demander de redire la consigne lorsqu'il a repris le contrôle de lui-même.

« C'est assez, Étienne, tu t'arrêtes maintenant ou c'est moi qui t'arrêterai. D'accord, je vois que tu sautes encore comme un kangourou, je prends ton ballon et tu le reprendras lorsque tu seras calme. » Le père saisit le ballon. Étienne se retire pour se bercer dans un coin calme du salon. Dans cet endroit désigné, on peut retrouver des objets de réconfort (toutou, doudou, chaise berçante), un baladeur pour écouter de la musique douce ou du papier et des crayons pour extérioriser ses émotions, par exemple en dessinant, ou encore en froissant et en déchirant du papier journal.

Après quelques minutes, Étienne crie: «Papa je suis prêt. Je veux mon ballon». Son père lui signifie qu'il crie encore et qu'il n'est donc pas prêt à reprendre son jouet. Étienne fait sauter son toutou, mais en vient à le bercer. «Papa, c'est entendu, je vais attendre d'être dans la cour pour sauter dessus.» Son père le félicite: «Tu as su te calmer, tu me parles doucement maintenant et je vois que tu te souviens de la consigne. Bravo!»

François Dumesnil[18] invite les parents d'enfants perdant le contrôle à se poser des questions concernant leurs attitudes devant l'encadrement. «Est-ce que j'interviens rapidement ou ai-je tendance à différer mes actions? Est-ce que j'argumente indûment? Suis-je porté à réagir seulement lorsque je suis excédé?» Si l'on veut éviter les débordements, il faut savoir agir avant la désorganisation de l'enfant, et lui enseigner ainsi à se connaître et à s'arrêter avant qu'il ne se blesse, nuise à quelqu'un ou endommage les objets qui l'entourent. D'ailleurs, même pour ceux[19-20] qui ont recours à une médication d'appoint, l'encadrement demeure un élément clé[21,22].

Notes

1   S. LANDY. *Pathways to Competence. Encouraging Healthy Social and Emotional Development in Young Children*. Baltimore: Paul H. Brooks, 2006, p. 484.

2   J.-R SÉGUIN et P.R. ZELAZO in R.E. Tremblay, W.W. Hartup et J. Archer, *Developmental Origins of Aggression*. New York: Guilford Press, 2005, pp. 307-329.

3   E. IFERGAN et R. ETIENNE, *Mais qu'est ce qu'il a dans la tête. Comprendre l'enfant de 0 à 7 ans*. Paris: Hachette Littérature, 2000, p. 274.

4   L. NEMET-PIER, *Mon enfant me dévore*. Paris: Albin Michel, 2003, p. 140.

5   JACOBVITZ et SROUFE, 1987; SILVERMAN et RAFUSA, 1990 cités dans S. Landy S. *Pathways to competence. Encouraging Healthy Social and Emotional Development in Young Children*. Baltimore: Paul H. Brooks, 2006, p. 484.

6   P.D. STEINHAUER, «L'influence de l'expérience en bas âge sur le développement du cerveau» dans *De la recherche à la pratique - Un forum canadien*, 1998, FCSGE, M.O.M. Printing.

7   SÉGUIN et ZELAZO, chapitre 15. «Executive fonction in early psysical aggression» in R.E. Tremblay, W.W. Hartup et J. Archer, *Developmental Origins of Aggression*. New York: Guilford Press, 2005.

8   SÉGUIN et ZELAZO, *op cit*.

9   G. DUCLOS. *Aider les jeunes enfants en difficulté*. Montréal: Éditions du CHU Sainte-Justine, 2008, p. 51.

10 Fonctions énumérées et décrites par G. DUCLOS *op. cit*.

11 Tiré de N. EISENBERG, «Contrôle tempéramental exigeant de l'effort (autorégulation)» in R.E. Tremblay, R.G. Barr, R.D. Peters, Eds. *Encyclopédie sur le développement des jeunes enfants*. Montréal, Québec: Centre d'excellence pour le développement des jeunes enfants, 2005:1-6. Disponible sur le site: excellence-jeunesenfants.ca/documents/eisenbergFRxp.pdf

12 Tiré des fiches synthèses *Autocontrôle-trotteurs et autocontrôle-explorateurs* de M.C. HARGUINDÉGUY-LINCOURT et S. MARTEL, Montréal: CARE, 2006.

13 On explique cette réalité par la connexion entre le lobe frontal et le système limbique responsable des émotions, appelé aussi cerveau émotif.

14 Tiré et adapté de S. LARIVÉE, S. NORMANDEAU et F. VITARO. *L'entraînement aux habiletés autorégulatrices à titre d'intervention préventive auprès d'enfants à risque d'inadaptation psychosociale*. Montréal: École de psychoéducation, Université de Montréal, Rapport CQRS: 1798 091.

15 M. MARION. *Guidance of Young Children*. Merrill Prentice-Hall, 2003, p. 250.

16 COURNOYER et TRUDEL, 1991; VAUGHN, KOPP, KRAKOW, JOHNSON et SCHWARTZ, 1986 cités dans S. Landy S. *Patways to Competence. Encouraging Healthy Social and Emotional Development in Young Children*. Baltimore: Paul H. Brooks, 2006, p. 483.

17 J. Cooper, *Mon enfant s'entend bien avec les autres*. Paris: Marabout, 2006, p. 140.

18 F. Dumesnil, *Questions de parents responsables*. Montréal: Éditions de l'Homme, 2004, p. 53.

19 Selon le DSM-IV, la prévalence du trouble déficitaire de l'attention/hyperactivité (TDAH) est de 3 % à 5 % chez les enfants d'âge scolaire.

20 Allessandrini, 1992, cité dans *Psychopathologie de l'enfant et de l'adolescent* sous la direction de E. Habimana, L.E. Ethier, D. Petot et M. Tousignant, Montréal: Gaëtan Morin Éditeur, 1999, p. 168 «a observé que les enfants d'âge préscolaire présentant un TDAH changeaient plus souvent de jeux, s'engageant moins dans des jeux parallèles ou de groupes avec les autres enfants et entretenaient moins de conversation avec eux. Leurs jeux apparaissaient également plus immatures, c'est-à-dire davantage sensori-moteurs que symboliques.»

21 Pour en savoir plus sur TDAH, consultez le livre de C. Sauvé, *Apprivoiser l'hyperactivité et le déficit de l'attention*. 2ᵉ éd. Montréal: Éditions du CHU Sainte-Justine, 2007.

CHAPITRE 12

Le quotidien au service du développement des habiletés sociales

Les parents d'enfants d'âge scolaire exercent une grande influence sur leurs petits. En effet, plus l'enfant vieillit, plus les sources d'influence se multiplient. Les camarades de classe, les amis, les enseignants, tous participent à l'évolution de l'enfant, à la perception qu'il a de lui-même. La petite enfance jette les assises de l'estime de soi. Avec l'aide de ses parents, l'enfant apprend progressivement à devenir sensible aux autres et s'adapte peu à peu aux exigences sociales. L'enfant accepté dans un groupe d'enfants et qui ressent du plaisir au contact des autres se construit une bonne image de lui-même. C'est l'estime de soi sociale. L'enfant malhabile socialement, celui qui aborde les autres brusquement, qui manifeste des comportements agressifs comme pousser, taper ou crier pour obtenir ce qu'il veut et pour exprimer sa colère est souvent rejeté du groupe d'enfants. Les autres lui expriment leur refus quand il veut s'intégrer à leurs jeux. Cet enfant exclu vit de la solitude et développe à la longue une identité négative.

En favorisant le développement des habiletés sociales de votre enfant, vous lui inculquez des valeurs de respect et de partage. Vous l'aidez à vivre harmonieusement en groupe et à favoriser un sentiment d'appartenance. Vous bâtissez les fondations d'une bonne estime de soi.

Le fait d'avoir des amis protège les enfants contre l'apparition de problèmes psychologiques et scolaires en stimulant le sentiment d'appartenance au groupe social rassemblé par le contexte scolaire.

En effet, les habiletés interpersonnelles prédisent la réussite scolaire autant que les compétences intellectuelles. En effet, des études ont souligné les associations importantes entre les interactions positives de jeux entre les pairs et le développement d'autres compétences comme les habiletés émergentes d'alphabétisation[1], tandis que les moins bonnes relations sont reliées à des problèmes de mémorisation, d'absentéisme scolaire et d'inadaptation affective[2].

Les parents expriment souvent le besoin d'avoir des outils concrets pour favoriser l'apprentissage social de leur enfant à la maison. Dans une société où la pénurie de temps est un mal chronique, les parents doivent pouvoir s'appuyer sur des moyens éducatifs simples et rapides.

Sous le titre « J'accompagne mon enfant », voici des attitudes éducatives à adopter dans la vie quotidienne. Le parent est appelé à soutenir son enfant dans le développement des habiletés sociales durant le repas, la période du coucher, l'heure du bain, durant les déplacements en voiture ou encore durant des périodes de jeu avec ses frères, ses sœurs ou des copains de son âge.

À l'aide d'exemples concrets tirés de la vie quotidienne, on aborde les habiletés de prise de contact, l'expression des émotions et la maîtrise de soi.

J'accompagne mon enfant dans la rencontre

Mon enfant apprend à s'approcher doucement, à sourire et à dire bonjour lorsqu'il revoit quelqu'un qu'il connaît.

- Lorsque mon conjoint arrive plus tard que mon enfant à l'heure du souper, comme parent je donne l'exemple du « Bonjour » et j'invite mon enfant à faire de même. Je nomme le geste (câlin, bisou). « Regarde, Ronald, Émilie te salue, elle te dit bonjour. »

- Je donne le modèle du « bonjour souriant » lorsqu'un invité nous rend visite à la maison.

- Je fais remarquer à mon enfant que l'oncle Georges salue grand-papa en lui serrant la main et grand-mère en la prenant dans ses bras. Julien fait un clin d'œil à tante Annie, etc. Ainsi, je l'aide à apprendre différentes façons de saluer.

- Je profite de la période du dodo pour échanger des câlins doux avec mon enfant. J'exprime ma joie de recevoir de douces caresses de mon petit amour.

- À l'heure du bain, je fais découvrir la douceur du savon sur la peau et je donne de petits massages avec ma main savonneuse. Je décris cette agréable sensation, ainsi j'apprends à mon enfant le toucher doux.

J'accompagne mon enfant dans le partage

Mon enfant apprend à demander lorsqu'il désire obtenir un jouet ou encore s'il veut jouer avec des amis. Il apprend à jouer avec d'autres, c'est-à-dire à accepter la présence d'un ami dans son jeu.

- J'utilise la période des repas pour faire des demandes à mon enfant. « Veux-tu me donner une tranche de pain, s'il te plaît ? » Je donne ainsi l'exemple de la demande.

- Je félicite mon enfant en soulignant les demandes qu'il fait pour obtenir un jouet, un vêtement ou encore un aliment.

- J'invite mon enfant à demander pour jouer avec son frère ou avec sa sœur, ou encore avec un voisin. « Va lui demander : "Est-ce que je peux jouer avec toi" ? »

- J'utilise des moments comme le ramassage de feuilles, le triage de vêtements, la mise en place de la table, le transport de petits sacs d'emplettes pour lui demander : « Veux-tu… avec moi ? » Je souligne alors le plaisir que j'éprouve à faire une activité avec mon enfant.

- J'aide mon enfant à faire des demandes : « Je vois que tu veux le camion d'Éric. Viens, nous allons lui demander. Dis-lui : "Éric, veux-tu me prêter ton camion ?" Je le félicite d'avoir demandé et je l'aide à patienter : "Tu vois, Éric t'a bien entendu. Dès qu'il aura terminé, il te prêtera son camion". »

- Je fais remarquer à mon enfant que son ami s'approche en souriant : « Regarde, Mathieu, ton ami s'approche de toi et pointe ta construction. Il veut jouer avec toi. »

J'accompagne mon enfant dans l'expression de sa joie

Mon enfant apprend à reconnaître la joie en associant le sourire à cette émotion. Il apprend à dire « Je suis content » lorsqu'il saute, crie ou s'excite devant une situation qui le rend très joyeux. Il apprend à reconnaître ce qui le rend joyeux.

- Lorsque mon enfant crie, saute de joie (visite au Père Noël, arrivée de Mamie ou d'un ami), je profite de l'occasion pour décrire son comportement et l'émotion qui y est reliée : « Tu souris, tu sautes, tu es content d'aller voir le Père Noël. Tu peux le dire : "Youpi, je suis content de voir le Père Noël." »

- À mon arrivée à la garderie en fin de journée, mon enfant sourit et se jette dans mes bras. J'en profite pour lui dire : « Tu sautes dans mes bras avec un beau sourire, tu es content de me voir. Moi aussi, je suis contente de te retrouver, regarde le beau câlin et le beau sourire que je te fais. »

- À la première neige ou à l'annonce d'une activité de glissade en famille, j'observe les réactions de joie de mon enfant et je les nomme: « Tu es content d'aller jouer dans la neige. Tu me le montres par ton sourire et tes cris de joie: "Je suis content, bravo pour la neige". »

- Lorsque mon enfant me fait un câlin, un cadeau ou m'aide à ranger, je m'approche, je lui souris et je lui dis: « Regarde mon sourire, je suis contente de… »

- Lorsque le parent propose une activité spéciale (repas aux chandelles, aller au parc après le souper, lire deux histoires ce soir, etc.), il demande à l'enfant: « Est-ce que cela te rendrait content, joyeux de faire telle ou telle activité? »

J'accompagne mon enfant dans l'expression de sa peine

Mon enfant apprend à reconnaître la tristesse chez les autres quand ils pleurent, quand ils perdent leur sourire. Il apprend à dire sa tristesse et ce qui le rend triste.

- Lors du visionnement d'un film (exemple: *Le Roi Lion, Petit Pied le dinosaure)* ou d'une émission de télé (*Caillou, La Boîte à lunch, Cornemuse*), je remarque mon enfant triste devant une scène. Je me rapproche de lui et je lui dis: « Tu es triste de voir… Je le vois dans ton visage, tu pleures. »

- Je nomme la tristesse de mon enfant qui a brisé par accident un jouet préféré. « Tu es triste, tu aimais beaucoup ce jouet. »

- Je dis à mon enfant déçu: « Tu baisses la tête, tu es triste de voir que nous ne pouvons pas aller faire le bonhomme de neige parce qu'il pleut. »

- Je donne l'exemple en exprimant ma propre tristesse devant une situation : «Je suis triste de te voir malade, mon petit trésor. Je ne verse pas de larmes, mais dans mon cœur je suis triste».

- Lors des périodes de jeu, je vois le visage fermé et les sanglots de mon enfant qui vient se faire consoler. Je lui dis : «Tu viens me voir tout triste parce que ton ami t'a dit : "T'es plus mon ami". Tu es triste parce que tu as le goût de jouer encore avec lui. Tu aimerais bien que je t'aide à parler à ton ami de ta tristesse. Viens, on va aller lui dire ensemble que cela t'a fait de la peine. Vous trouverez peut-être une façon de continuer à jouer ensemble. »

- Lorsque mon enfant est triste à la suite d'une situation qui échappe à mon contrôle, je parle de sa peine. «Tu cries très fort en pleurant. Tu es triste de ne pas avoir ton doudou pour dormir. Je ne peux pas aller le chercher, les portes de la garderie sont barrées et je n'ai pas la clé. Je peux te consoler avec mes câlins, t'offrir une autre sorte de douceur qui a l'odeur de maman (chandail, carré de soie). Tu as beaucoup de peine, tu es très triste. »

J'accompagne mon enfant dans l'expression de sa colère

Mon enfant apprend à reconnaître la colère chez les autres quand ils parlent fort ou froncent les sourcils. Il apprend à reconnaître sa propre colère et à l'exprimer verbalement. Il associe peu à peu sa colère à une situation vécue.

- Je donne l'exemple. J'exprime ma colère à mon enfant : «Mélanie, en ce moment, je suis très fâchée. »

- Je comprends ce que veut dire mon enfant lorsqu'il est en colère, il me dit : «T'es pas fine, je ne t'aime plus. » Je lui réponds : «Ce que je comprends, c'est que tu es fâché. Tu parles fort, tu as les yeux fâchés. » De cette façon, je permets à mon enfant de ressentir sa colère et je le guide dans son expression.

- J'utilise les moments de frustration vécus par mon enfant pour l'aider à exprimer verbalement sa colère.

Exemples	
Colère à la suite d'un « non »	« Je vois dans tes yeux et dans tes pieds qui piochent par terre que tu es fâché. Tu sais, tu peux me le dire : "Maman, je suis fâché que tu me dises non. Moi je veux ci ou ça... Je suis fâché, fâché". » J'accepte son ton de voix fâché. Il exprime sa colère avec des mots et cela lui demande un effort.
Colère à la suite d'une réprimande	« Je ne peux accepter tel ou tel geste, mais l'amour que j'ai pour toi continue (le rassurer quant à l'amour). Tu peux me le dire : "Maman, je suis très fâché que tu m'empêches de..." »
Lors d'une dispute entre enfants	« Je vois, Sébastien, que tu es très fâché. Mathieu a pris ton camion. Viens, on va aller lui dire ensemble. » Je propose à mon enfant un modèle. « Mathieu, regarde les yeux fâchés de Sébastien. Il est fâché, il veut te le dire. Dis-lui, Sébastien : "Mathieu, je suis fâché, tu as pris mon camion" ». Je félicite alors mon enfant qui a su exprimer sa colère. Je l'aide à régler la dispute (résolution de problème).

J'accompagne mon enfant dans l'apprentissage de la tolérance aux délais ou à l'attente

Mon enfant apprend à attendre son tour.

- Lors des repas, je termine mon assiette et j'invite mon enfant à attendre un peu avant d'être servi à nouveau. « Regarde, Mathieu, il me reste deux bouchées à manger et après, je t'en donnerai encore. » Je félicite mon enfant : « Bravo ! Tu as été capable d'attendre que je termine mes bouchées. »

- Lorsque je parle à un autre adulte, par exemple mon conjoint ou l'éducatrice, j'invite mon enfant à attendre avant de lui répondre : « Regarde Amélie, je parle à Lucie en ce moment, je vois que tu veux me dire quelque chose, mais je sais que tu es capable d'attendre. Quand j'aurai terminé, je t'écouterai. »

- J'utilise les moments d'attente au marché ou à la banque pour lui faire reconnaître qu'il n'est pas facile d'attendre, mais qu'il existe des moyens pour patienter. « Ça prend beaucoup de temps, aujourd'hui, pour passer à la caisse du marché. En attendant, je te parle et je pense aux activités de la fin de semaine. »

J'accompagne mon enfant dans l'apprentissage de l'écoute

Mon enfant apprend les tours de parole. Il sait écouter quand on lui parle et il attend son tour pour s'exprimer.

- Je fais remarquer à mon enfant que je ne suis pas disponible maintenant. « Regarde, Julie, je suis au téléphone. Dès que j'aurai terminé, j'irai te voir (intègre l'habileté d'attendre). Voilà, Julie, j'ai fini mon téléphone, je te regarde, j'ouvre mes oreilles et je t'écoute. »

- « Il est difficile pour moi de t'écouter vraiment en ce moment, mes yeux regardent la route. Il y a beaucoup de voitures.

J'aimerais que tu me racontes ta journée quand nous serons à la maison, lorsque mes yeux pourront te regarder et mes oreilles t'écouter. »

- Je profite du moment du bain pour me rendre disponible à l'échange, au tour de parole. « Jean-Christophe, je suis à côté de toi, nous pouvons parler ensemble. Mes oreilles sont ouvertes, mes yeux te regardent, tu voulais me parler de la fête de ton ami. Je t'écoute. »

- J'utilise le conte du soir pour pratiquer l'écoute et le tour de parole. Je lis le début d'une histoire connue, j'arrête et j'invite mon enfant à continuer. Lorsqu'il s'arrête, je poursuis. L'enfant aime les contes traditionnels connus (ex. Les trois petits cochons), cela fait appel à sa mémoire.

- Je joue avec mon enfant à inventer une histoire qui fait appel à l'imagination. Je commence une histoire et mon enfant la continue.

J'accompagne mon enfant dans l'apprentissage de la maîtrise de soi

Mon enfant apprend comment agir quand il est excité ou calme. Il reconnaît la difficulté de passer de l'agitation au calme. Il découvre comment il peut devenir maître de son corps.

- Au repas, je place des chandelles sur la table et je dis à mon enfant que c'est comme au restaurant. On se parle en « secret », doucement. Je félicite mon enfant qui parle à voix basse.

- Lors du visionnement d'un film à la maison, je fais comme au cinéma, avec du « pop-corn » et des lumières éteintes. L'enfant parle tout bas comme au cinéma, il reste assis calmement. Je souligne les efforts de mon enfant : « Bravo, tu es capable de rester calme jusqu'à ce que le Roi Lion fasse… »

- Quand je berce mon enfant ou que je le prends doucement dans mes bras, je lui fais remarquer le bien-être que l'on ressent à rester ainsi, doucement ensemble. Je l'invite à respirer lentement ou à chanter doucement avec moi. Je le félicite.
- Je profite d'une visite à la bibliothèque pour pratiquer la maîtrise de soi (voix basse, marche…).

J'accompagne mon enfant dans l'apprentissage de la tolérance aux frustrations

Mon enfant apprend à s'arrêter quand il se fait dire « non », même s'il trouve difficile d'essuyer un refus. Cela développe sa capacité à exprimer en mots sa frustration.

- Je sers de modèle. Lorsque je m'impatiente devant un guichet automatique défectueux, la voiture qui refuse de démarrer ou toute autre situation frustrante, je nomme ce que je ressens. « Ah ! non, que ça me fâche de voir que l'auto ne démarre pas, encore une fois. Ah ! Je ferais mieux de prendre une grande respiration pour me calmer. Bon, maintenant je vais téléphoner au garage. »
- J'invite mon enfant à faire le papillon (battement des bras avec inspiration-expiration) pour calmer sa colère. Je le fais avec lui. Le papillon doux chatouille le petit lion en colère et l'aide à se calmer.
- Lorsque je vois mon enfant fâché à la suite d'un refus au magasin, je lui dis, pour l'aider : « Je vois que tu es fâché. Tu peux prendre une grande respiration. » Je continue à dire non, malgré sa colère. Je souligne l'effort de l'enfant qui crie « Je veux, je veux » au lieu de se lancer par terre. Je reconnais que c'est difficile pour lui de se faire dire non et que, maintenant, il est capable de le dire : « Je suis fâché, je trouve ça difficile. »

- Si la période du coucher amène des conflits avec mon enfant, je profite de cette occasion pour l'aider à mieux vivre l'arrêt du jeu. «Tu souhaites continuer à jouer, mais ce n'est plus possible. C'est le temps du dodo. Tu trouves cela difficile d'arrêter de jouer, tu pourras continuer ta construction demain. On va garder ton garage de Lego. Ça te fâche? Respire lentement. Bravo!»

Notes

1   P.H. Manz et C.M. McWayne. *Interventions précoces visant à améliorer les relations entre les pairs et les compétences sociales des enfants de familles à faibles revenus.* Centre d'excellence pour le développement des jeunes enfants. Sur le web: www.enfant-encyclopedie.com/Pages/PDF/Manz-McWayneFRxp.pdf.

2   *Op cit.* p. 5.

CONCLUSION

« Il n'y a qu'un seul véritable problème, celui des relations
humaines. Nous oublions qu'il n'y a ni espoir ni joie
sauf dans les relations humaines. »
Antoine de Saint-Exupéry

« Aucun être humain ne peut se penser hors
du lien à un autre. »
*Danielle Dalloz, Où commence la violence.
Albin Michel, p. 150*

Fréquemment, les actes de violence font les grands titres des
journaux. Les drames se succèdent, à tel point que peu à peu
un processus de banalisation s'opère alors que la criminalité
augmente et l'âge des jeunes criminels diminue. Au Québec,
de 1980 à 1995, le taux des jeunes de 12 à 17 ans ayant commis
un crime violent a doublé chez les garçons et triplé chez les
filles[1], quoique la proportion de garçons violents demeure
toujours plus élevée. Bien qu'ils soient alarmants, ces chiffres
n'interpellent que rarement les parents de jeunes enfants, tant
ils sont occupés par leurs soucis quotidiens. Mais regardons
de plus près ces bambins qui frappent leurs camarades, giflent
leurs parents ou lancent des objets. Certes, leur immaturité
neurologique et langagière, leur égocentrisme, la soif de plaisirs
immédiats propres à leur jeune âge expliquent leur difficulté à

se maîtriser. Cependant, après avoir mis en perspective ces actes dans un contexte développemental, il appartient aux adultes, parents et intervenants, de civiliser ces enfants, de les ouvrir à la socialisation et au sens moral.

Loin de moi l'idée d'extirper toute agressivité des enfants pour en faire des «conformistes», mais il est essentiel de les accompagner pour qu'ils puissent canaliser leur énergie brute et maîtriser leur agressivité afin de la transformer en créativité. La famille constitue le moteur de ce processus de socialisation. C'est elle qui inculque le sens des responsabilités à ses membres et transmet les valeurs de respect et de générosité. Toutefois, elle peut aussi devenir un îlot de solitude et d'hostilité, par l'absence de repères et par manque d'investissement affectif à l'apprentissage de la vie en collectivité. Les enfants sont alors en mal de présence parentale et, en vieillissant, ils en viennent à en joindre d'autres qui, comme eux, ressentent le besoin de se rassembler. Comme eux, ils sont habités par une grande colère ou par une tristesse dévastatrice. Certes, une présence attentive et chaleureuse, la discipline, le dialogue inductif demandent du temps et de la patience, mais tout cela cultive la socialisation, qui est indispensable pour construire une personnalité bienveillante. Non seulement les enfants amicaux sont susceptibles de bien réussir à l'école et de vivre des relations harmonieuses, mais ils sont aussi sujets à «être psychologiquement résilients»[2]. Les compétences sociales permettent de jeter un regard positif sur soi-même et l'enfant qui s'affirme est mieux accepté et apprécié d'autrui. Ces compétences favorisent aussi le déploiement d'adaptations socioémotionnelles nécessaires pour affronter certaines situations difficiles de la vie.

Avec ce livre, j'ai voulu outiller les parents dans la gestion des comportements agressifs et l'apprentissage des comportements prosociaux des tout-petits, pour prévenir des désordres du comportement. En effet, je suis convaincue de l'importance des liens positifs entre les humains et de l'apport capital de la prévention précoce.

C'est en apprenant aux enfants à vivre d'abord ensemble en famille que nous en ferons des citoyens responsables. N'est-ce pas là une attitude qui laisse la place au vivre ensemble collectivement, en société?

Notes

1 Ministère de la sécurité publique, Gouvernement du Québec. *Taux de jeunes de 12 à 17 ans ayant commis un crime avec violence.* 1999.
Statistiques disponibles sur Internet www.msss.gouv.qc.ca

2 Masten et al. 1995; Rubin, 1998 cités dans *Précurseurs du développement social des jeunes enfants: une analyse multivariée centrée sur les personnes*, Pereira, Marlène sous la direction de F. Francis Strayer et Joël Swendsen, Université de Bordeaux, 2001-2002, p. 6.

BIBLIOGRAPHIE

BOUCHARD, C. et al. *Un Québec fou de ses enfants: rapport du Groupe de travail pour les jeunes.* Québec: Ministère de la santé et des services sociaux, 1991.

BOURCET, S. et Y. TYRODE. *Petite terreur ou Souffre-douleur. La violence dans la vie de l'enfant.* Paris: Albin Michel, 2002.

CARDINAL, L. *Le programme national de santé publique 2003-2012.* Québec: Santé et Services Sociaux, 2003.

CENTRE D'EXCELLENCE POUR LE DÉVELOPPEMENT DES JEUNES ENFANTS. *Bulletin*, avril 2003, vol 2, no 1.

CHICOINE, J.-F. et N. COLLARD. *Le bébé et l'eau du bain: comment la garderie change la vie de vos enfants.* Montréal: Québec Amérique, 2006.

CLOUTIER, R., P. GOSSELIN et P. TAP. *Psychologie de l'enfant.* 2e éd. Montréal: Gaëtan Morin Éditeur, 2005.

CRARY, E. *Négocier, ça s'apprend tôt. Pratiques de résolution de problèmes avec les enfants de 3 à 12 ans.* Namur: Université de Paix, 2001.

DALLOZ, D. *Le mensonge.* Paris: Éditions Bayard, 2006.

DALLOZ, D. *Où commence la violence? Pour une prévention chez le tout-petit.* Paris: Albin Michel, 2003.

DENHAM, SKA et R. BURTON. *Social and Emotional Prevention and Intervention Programming for Preschoolers.* New York: Kluwer Academic/Plenum, 2003.

DÉVELOPPEMENT DES RESSOURCES HUMAINES CANADA. *Grandir au Canada: enquête longitudinale nationale sur les enfants et les jeunes.* Ottawa: Statistique Canada, 1996.

DRORY, D. *Cris et châtiments. Du bon usage de l'agressivité.* Bruxelles: De Boeck, 1997.

DUCLOS, G. et M. DUCLOS. *Responsabiliser son enfant.* Montréal: Éditions du CHU Sainte-Justine, 2005.

DUMAS, J. *L'enfant violent: le connaître, l'aider, l'aimer.* Paris: Bayard Éditions, 2000.

DUMESNIL, F. *Questions de parents responsables.* Montréal: Éditions de l'Homme, 2004.

DUNSTER, L. et al. *Aider les autres à relever le défi: guide de l'animatrice.* Ottawa: Fédération canadienne des services de garde à l'enfance, 2000.

EASTMAN, W. «Comprendre et garder les jeunes enfants qui souffrent de trouble d'hyperactivité avec déficit d'attention: la perspective d'un intervenant». *Interaction*, hiver 1998, p. 18-22.

FÉDÉRATION CANADIENNE DES SERVICES DE GARDE À L'ENFANCE. «Dossier: agressivité» *Interaction*, hiver 2003, vol 16, n°. 4.

FONTAINE, R. *Psychologie de l'agression.* Paris: Dunod, 2003.

FORTIN, L. et M. BIGRAS. *Les facteurs de risque et les programmes de prévention auprès d'enfants en troubles de comportement.* Eastman (Québec): Éditions Behaviora Inc., 1996.

GENDREAU, G. *Jeunes en difficulté et intervention psychoéducative.* Montréal: Éditions Sciences et Culture, 2001.

GEORGE, G. *Mon enfant s'oppose, que dire? que faire?* Paris: Odile Jacob, 2002.

GOLDBERG, S. *Attachment and Development.* London: Arnold Publ., 2000.

HALMOS, C. « Existe-t-il des enfants vraiment méchants? » *Psychologie* mars 2007, p. 96-100.

HARGUINDEGUY-LINCOURT, M.-C. et S. MARTEL. *Fiches autocontrôle des trottineurs et autocontrôle des explorateurs.* Inédit, 2006.

INSTITUT CANADIEN DE LA SANTÉ INFANTILE. *La santé des enfants du Canada: un profil de l'ICSI.* 3e éd. Ottawa, Institut canadien de la santé infantile, 2000.

JOYEUX, Y. *L'éducation face à la violence.* Paris: ESF Éditeur, 1996.

KAISER, B. et J. SKLAR RASMINSKY. *Relever le défi: stratégies efficaces auprès des enfants présentant des problèmes de comportement dans les milieux de la petite enfance.* Ottawa: Fédération canadienne des services de garde à l'enfance, 1999.

LANDY, S. *Pathways to Competence: Encouraging Healthy Social and Emotional Development in Young Children.* Baltimore: Paul H. Brookes, 2002.

LEDUC, R.J. *Pour un dépistage précoce et continu réussi: étapes du développement de l'enfant et suggestions d'intervention.* Vanier, Ontario: Collectif du Centre franco-ontarien de ressources pédagogiques, 1996.

MARION, M. *Guidance of Young Children.* 7th ed. Upper Saddle River, N.J.: Pearson Merrill Prentice-Hall, 2007.

MARTIN, J., C. POULIN et I. FALARDEAU. *Le bébé en garderie.* Sainte-Foy: Presses de l'Université du Québec, 2003.

MURPHY, T. *L'enfant en colère.* Montréal: Éditions de l'Homme, 2002.

NAUD, J. et F. SINCLAIR. *EcoCPE - Programme de valorisation du développement du jeune enfant dans le cadre de la vie en milieux éducatifs préscolaires: guide d'animation.* Montréal: Chenelière/McGraw-Hill, 2003.

OLIVIER, C. *Les parents face à la violence de l'enfant.* Paris: Fayard, 2000.

PAHLAVAN, F. *Les conduites agressives.* Paris: Armand Colin, 2002.

POST, J., M. HOHMAN, L. BOURGON et S. LÉGER. *Prendre plaisir à découvrir: guide d'intervention éducative auprès des poupons et des trottineurs.* Montréal: Gaëtan Morin éditeur, 2004.

PROVOST, M.A. *Le développement social des enfants: perspectives méthodologiques, théoriques et critiques.* Montréal: Éditions Agence d'Arc, 1990.

REDL, F. et D. WINEMAN. *L'enfant agressif. Tome 2, Méthodes de rééducation.* Paris: Fleurus, 1973.

SAUVÉ, C. *Apprivoiser l'hyperactivité et le déficit de l'attention.* 2e éd. Montréal: Éditions du CHU Sainte-Justine, 2007.

SCOATARIN, S. *C'est pour mieux te manger, mon enfant! De l'agressivité et des morsures, à la crèche et ailleurs.* Paris: Desclée de Brouwer, 2003.

SHURE, M.B. *I Can Problem Solve: an Interpersonal Cognitive Problem-solving Program.* Champaign, Ill.: Research Press, 1992.

SOLTER, A.J. *Pleurs et colères des enfants et des bébés: une approche révolutionnaire.* Saint Julien en Genevois: Jouvence Éditions, 1999.

THOMMEN, E. *L'enfant face à autrui.* Paris: Armand Colin, 2001.

TREMBLAY, R.E. *Les enfants agressifs.* Montréal: Agence d'Arc, 1991.

TREMBLAY, R.E. «École et santé mentale - Réagir contre la violence, le décrochage, le refus scolaire». *Revue Prisme* 1997 vol. 7 nos. 3-4

UNIVERSITÉ DE PAIX. *Graines de médiateurs. Médiateurs en herbe.* Namur: Éditions Memor, 2000.

VITARO, F. et C. GAGNON. *Prévention des problèmes d'adaptation. Tome II. Les problèmes externalisés.* Sainte-Foy: Presses de l'Université du Québec, 2002.

WEBSTER-STRATTON, C. *The Incredible Years: A trouble Shooting Guide for Parents of Children Aged 3-8.* Toronto: Umbrella Press, 2001.

RESSOURCES

Québec

Éducation coup-de-fil
Téléphone : 514 525-2573
Téléphone sans frais : 1-866 329-4223
Courriel : ecf@bellnet.ca
Site web : www.education-coup-de-fil.com

La Ligne Parents
C.P. 186, Succ. Place d'Armes
Montréal (Québec), H2Y 3G7
Ligne d'écoute : 514 288-5555
Téléphone sans frais : 1-800 361-5085

Belgique

Allô Info-familles
Ligne d'écoute : 02 513 11 11
Site web : www.alloinfofamilles.be

Télé-Parents
Ligne d'écoute : 02 736 60 60
Page Web : www.liguedesfamilles.be/default.cfm?id=49

France

École des parents et des éducateurs
Consulter le site web pour obtenir les numéros des services
d'écoute téléphonique
Site web : www.ecoledesparents.org/epe/index.html

Suisse

Allô parents
Ligne d'écoute : 022 733 22 00

École des parents de Genève
www.ep-ge.ch

Textes sur Internet

Les comportements agressifs - 1 :
Les comprendre pour mieux les gérer
Encyclopédie sur le développement des jeunes enfants
Centre d'excellence pour le développement des jeunes enfants
www.enfant-encyclopedie.com/pages/PDF/comportementsagressifs1.pdf

Les comportements agressifs - 2 :
Quand faut-il s'en inquiéter ?
Encyclopédie sur le développement des jeunes enfants
Centre d'excellence pour le développement des jeunes enfants
www.enfant-encyclopedie.com/pages/PDF/comportements-agressifs-2.pdf

Les crises, les colères, les larmes… quoi faire ?
Nadine Descheneaux
Petitmonde
www.petitmonde.com/iDoc/Article.asp?id=23720

La définition des limites : les morsures
Investir dans l'enfance
www.investirdanslenfance.ca/DisplayContent.aspx?name=biting_and_hitting

Jalousie, quand le cadet s'y met !
Association pour la santé mentale – Chaudière-Appalaches
www.acsm-ca.qc.ca/virage/enfance-jeunesse-famille/jalousie-quand-le-cadet.html

Les petits monstres de 2 ans / Éducation coup-de-fil
Petitmonde
www.petitmonde.com/iDoc/Article.asp?id=30193

Livres pour les parents

L'agressivité
Antier, Edwige
Paris : Bayard, 2002. 152 p.
(La vie de famille : des repères pour vivre avec vos enfants de
0-7 ans)

*Ah! non, pas une crise… les crises de colère chez les 2 à 6 ans
et même plus…*
Gagnier, Nadia
Paris : La Presse, 2006. 77 p.
(Vive la vie… en famille)

*Au cœur des émotions de l'enfant : comprendre son langage, ses
rires et ses pleurs*
Filliozat, Isabelle
Alleur : Marabout, 2001. 320 p.

*C'est pour mieux te manger, mon enfant! : de l'agressivité et des
morsures, à la crèche et ailleurs*
Scoatarin, Simone
Paris : Desclée de Brouwer, 2003. 331p.
(Psychologie)

L'enfant en colère : reprendre le contrôle quand votre enfant l'a perdu
Murphy, Tim
Montréal : Éditions de l'Homme, 2002. 293 p.
(Parents aujourd'hui)

Où commence la violence? Pour une prévention chez le tout-petit
Dalloz, Danielle
Paris : Albin Michel, 2003. 159 p.
(La cause des bébés)

Les parents face à la violence de l'enfant
Olivier, Christiane
Paris : Fayard, 2000. 116 p.

Petite terreur ou souffre-douleur : la violence dans la vie de l'enfant
Bourcet, Stéphane et Yves Tyrode
Paris : Albin Michel, 2002. 195 p.
(Questions de parents)

DVD pour les parents

L'agressivité chez l'enfant : quand les coups et les cris sont plus rapides que les mots
Bourcier, Sylvie, conférencière
Montréal : Éditions du CHU Sainte-Justine, 2007. 1 DVD, 88 minutes

Livres pour les enfants

Les colères
Dolto-Tolitch, Catherine
Paris : Gallimard Jeunesse, 2006. 10 p. (Mine de rien) - 2 ans
Pour aider les jeunes enfants à comprendre pourquoi ils sont en colère. Une collection pour expliquer aux petits « ce qui se passe en eux et autour d'eux ».

Grosse colère
D'Allancé, Mireille
Paris : L'École des Loisirs, 2004. 25 p. (Pastel) – 3 ans
Une très mauvaise journée pour Robert qui doit la terminer dans sa chambre sur ordre de son père. Et là, il sent monter en lui quelque chose de terrible.

Pourquoi je suis en colère
Moses, Brian
Montréal: École active, 2006. 32 p. – 5 ans

« Quand je suis en colère, je me sens comme un volcan au bord de l'éruption, une casserole qui boue… »

C'est parce que… ?
Ross, Tony
Paris: Gallimard Jeunesse, 2004. 32 p. (Album Gallimard) – 5 ans

«C'est parce qu'il porte un nom ridicule? C'est parce que, au foot, il est vraiment nul? C'est parce qu'il ne retrouve plus sa maman? Pourquoi, oui, pourquoi, Pépin Legras est-il si méchant et brutalise-t-il ses camarades de classe?»ssance à cinq ans

OUVRAGES PARUS DANS LA MÊME COLLECTION

AU-DELÀ DE LA DÉFICIENCE PHYSIQUE OU INTELLECTUELLE
UN ENFANT À DÉCOUVRIR
Francine Ferland
ISBN 2-922770-09-5   2001/232 p.

AU FIL DES JOURS... APRÈS L'ACCOUCHEMENT
L'équipe de périnatalité de l'Hôpital Sainte-Justine
ISBN 2-922770-18-4   2001/96 p.

AU RETOUR DE L'ÉCOLE...
LA PLACE DES PARENTS DANS L'APPRENTISSAGE SCOLAIRE
2ᴱ ÉDITION
Marie-Claude Béliveau
ISBN 2-922770-80-X   2004/280 p.

COMPRENDRE ET GUIDER LE JEUNE ENFANT
À LA MAISON, À LA GARDERIE
Sylvie Bourcier
ISBN 2-922770-85-0   2004/168 p.

DE LA TÉTÉE À LA CUILLÈRE
BIEN NOURRIR MON ENFANT DE 0 À 1 AN
Linda Benabdesselam et autres
ISBN 2-922770-86-9   2004/144 p.

LE DÉVELOPPEMENT DE L'ENFANT AU QUOTIDIEN
DU BERCEAU À L'ÉCOLE PRIMAIRE
Francine Ferland
ISBN 2-89619-002-3   2004/248 p.

LE DIABÈTE CHEZ L'ENFANT ET L'ADOLESCENT
Louis Geoffroy, Monique Gonthier et les autres membres de l'équipe
de la Clinique du diabète de l'Hôpital Sainte-Justine
ISBN 2-922770-47-8   2003/368 p.

LA DISCIPLINE UN JEU D'ENFANT
Brigitte Racine
ISBN 978-2-89619-119-2   2008/136 p.

PARENTS D'ADOS
DE LA TOLÉRANCE NÉCESSAIRE À LA NÉCESSITÉ D'INTERVENIR
Céline Boisvert
ISBN 2-922770-69-9   2003/216 p.

LES PARENTS SE SÉPARENT...
POUR MIEUX VIVRE LA CRISE ET AIDER SON ENFANT
Richard Cloutier, Lorraine Filion et Harry Timmermans
ISBN 2-922770-12-5   2001/164 p.

POUR PARENTS DÉBORDÉS ET EN MANQUE D'ÉNERGIE
Francine Ferland
ISBN 2-89619-051-1   2006/136 p.

RACONTE-MOI UNE HISTOIRE
POURQUOI? LAQUELLE? COMMENT?
Francine Ferland
ISBN 2-89619-116-1   2008/168 p.

RESPONSABILISER SON ENFANT
Germain Duclos et Martin Duclos
ISBN 2-89619-00-3   2005/200 p.

SANTÉ MENTALE ET PSYCHIATRIE POUR ENFANTS
DES PROFESSIONNELS SE PRÉSENTENT
Bernadette Côté et autres
ISBN 2-89619-022-8   2005/128 p.

LA SCOLIOSE
SE PRÉPARER À LA CHIRURGIE
Julie Joncas et collaborateurs
ISBN 2-921858-85-1   2000/96 p.

LE SÉJOUR DE MON ENFANT À L'HÔPITAL
Isabelle Amyot, Anne-Claude Bernard-Bonnin, Isabelle Papineau
ISBN 2-922770-84-2   2004/120 p.

LA SEXUALITÉ DE L'ENFANT EXPLIQUÉE AUX PARENTS
Frédérique Saint-Pierre et Marie-France Viau
ISBN 2-89619-069-4   2006/208 p.

Recyclé
Contribue à l'utilisation responsable
des ressources forestières
www.fsc.org   Cert no. SGS-COC-003153
© 1996 Forest Stewardship Council

MARQUIS

Marquis imprimeur inc.

Québec, Canada
2008

Ce livre a été imprimé sur du papier contenant 100 %
de fibres recyclées postconsommation, certifié Éco-Logo
et Procédé sans chlore et fabriqué à partir d'énergie biogaz.